石油印记

THREADS OF CHINA PETROLEUM MILESTONES

中国石油档案馆 编

石油工业出版社

图书在版编目（CIP）数据

石油印记 / 中国石油档案馆编 . — 北京：石油工业出版社，2019.12
　ISBN 978-7-5183-3140-6

Ⅰ. ①石… Ⅱ. ①中… Ⅲ. ①石油工业—工业史—中国 Ⅳ. ① F426.22

中国版本图书馆 CIP 数据核字（2019）第 148639 号

石油印记
Shiyou Yinji

总　策　划：章卫兵
责任编辑：王金凤　陈引弟
责任校对：张　磊
封面设计：李　欣　周　彦
内文设计：刘龄蔓
出版发行：石油工业出版社
　　　　　（北京市朝阳区安华里二区 1 号楼　100011）
　　　　　网　　址：http://www.petropub.com
　　　　　编辑部：（010）64523537　图书营销中心：（010）64523633
经　　销：全国新华书店
印　　刷：北京中石油彩色印刷有限责任公司

2019 年 12 月第 1 版　2019 年 12 月第 1 次印刷
740×1060 毫米　开本：1/16　印张：20
字　　数：100 千字

定　　价：158.00 元
版权所有　翻印必究
（如发现印装质量问题，我社图书营销中心负责调换）

《石油印记》编写组

组　　长：范　宁
副 组 长：韩剑锋
成　　员：任洁江　王志明　王铁夫　李大成
　　　　　杨　政　王思冉　陈　晋

后 记

2018年8月，中国石油档案馆举办中国石油历史"第一"展览和企业档案工作成果展览。为充分利用好展览素材，展现中国石油发展历程及取得的重大成就，发挥"以史为鉴、资政育人"作用，决定编纂出版《石油印记》。

《石油印记》是集知识性和实用性为一体的图书，双页以图文结合方式展示自公元前69年至2019年12月两千多年来中国石油在勘探开发、炼油化工、工程建设等业务领域"第一""之最"；单页附横格用于记事，突出笔记本功能。

《石油印记》在编纂过程中得到专家学者及有关单位的大力支持、帮助和指导。傅诚德、李希文、王一端、王大锐、李学通、张九辰等专家学者认真阅读书稿，提出许多宝贵修订意见；大庆油田、长庆油田、塔里木油田、新疆油田、西南油气田、吉林油田、青海油田、华北油田、玉门油田、独山子石化、克拉玛依石化、东方物探、管道局、石油报社等单位，以及袁嘉阳、陈思、张岩青、赵倩妮、鲁建中、王浩、王向辉、王春风、王巧然、张翠霞、温邑平、罗尚贤、卢松科、杨中建、宣庆勇等同志在史料提供、条目审核等方面给予帮助。付梓之际一并表示诚挚感谢。

由于《石油印记》条目时间跨度长，查证难度大，难免存在疏漏和不足之处，敬请广大读者批评、指正。

《石油印记》编写组
2019年12月

个人资料

姓名 / Name:

电话 / Telephone:

邮箱 / E-mail:

地址 / Address:

备注

个人签名:

中国石油档案馆

【兰台之家】

定好一个目标

讲好一部历史

承好一统文化

做好一门学问

建好一支队伍

守好一席重地

【历史沿革】

1950年7月	燃料工业部石油管理总局在北京成立，机关设秘书处等6个处室，秘书处内设档案组等4个组。
1955年9月	国务院批准石油工业部成立办公厅，内设档案科。
1964年8月22日	撤销办公厅档案科，成立档案管理处。
2007年11月21日	办公厅、总裁办整合，在原档案处、文档处的基础上，成立档案处（史志办）。
2017年4月20日	撤销档案处（史志办），成立中国石油档案馆。

中国石油档案馆的设立，标志着中国石油档案事业进入新的时代。

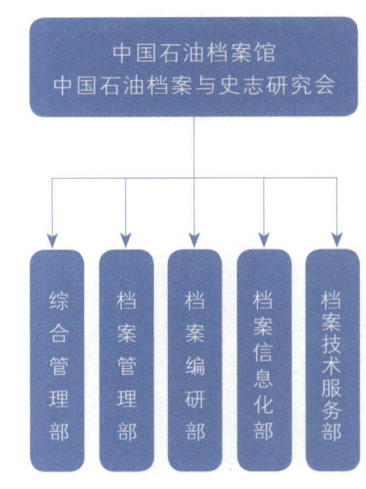

【档案馆库】

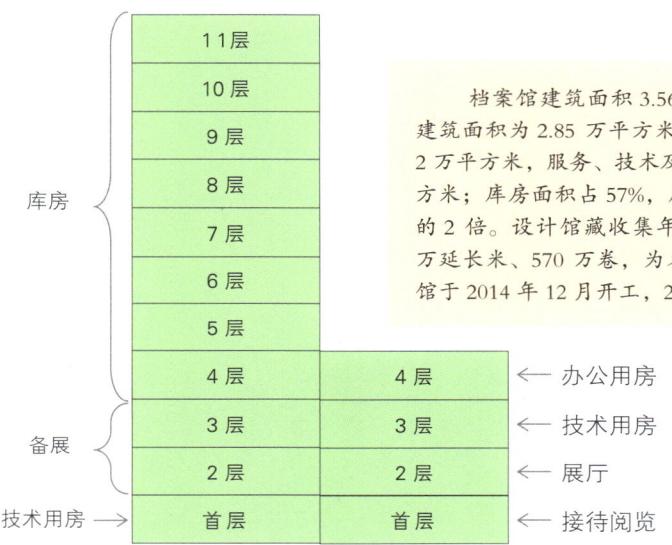

档案馆建筑面积3.56万平方米,其中地上建筑面积为2.85万平方米,包括档案库房11层2万平方米,服务、技术及办公用房4层8500平方米;库房面积占57%,库房占比是省级档案馆的2倍。设计馆藏收集年限30年,馆藏量约9万延长米、570万卷,为省级一类馆规模。档案馆于2014年12月开工,2016年12月竣工。

档案馆楼层使用划分图

【发展愿景】

以习近平新时代中国特色社会主义思想为指导,深入贯彻落实党的十九大精神和新发展理念,坚定有力贯彻国家档案局和集团公司党组决策部署,按照"瞄准世界一流推进档案馆建设"要求,不断完善档案工作体系,实现档案管理现代化,为集团公司建设世界一流综合性国际能源公司、实现高质量稳健发展作出新的更大贡献。

2020年: 建成"四个中心"(即档案永久保管中心、档案综合利用服务中心、档案信息化中心、石油历史研究展示中心)和"两个基地"(石油石化科普基地、爱国主义教育基地)。

2035年: 建成具有鲜明中国石油特色的国内一流水平的行业档案馆。

本世纪中叶: 建成适应世界一流综合性国际能源公司需要的国际一流水平的石油档案和历史博物馆。

产销一体化的综合性国际能源公司,在国内油气勘探开发中居主导地位,在全球34个国家和地区开展油气业务。2019年,在世界50家大石油公司综合排名中位居第三,在《财富》杂志全球500家大公司排名中位居第四。在建设世界一流综合性国际能源公司征程中,百万石油人不忘初心,牢记使命,继续谱写新的壮丽篇章。

本书主要收录公元前69年至2019年12月期间中国古代、近代、当代不同历史时期中国石油在勘探开发、炼油化工、油气销售、国际化经营、工程技术、工程建设等方面的『第一』『之最』,在中国乃至世界上具有标志性、唯一性和重要意义的事件,以及各油气田(区)历史上重要的发现井或第一口获工业油流探井条目152个,图片146张,档案文献13份,从一个侧面展示中国石油发展历程以及取得的重大成就。

前言

中国是世界上最早发现和利用石油、天然气的国家之一。

从1878年中国台湾苗栗钻成第一口油井，1907年陕北延长钻成大陆上第一口油井开始，到2019年，中国石油工业已有140多年的历史。1949年以前的70年间，仅发现陕北延长、玉门老君庙、新疆独山子、台湾出磺坑等4个小型油田，以及四川圣灯山，石油沟，台湾金水、竹东等7个小型气田；累计探明石油地质储量不到0.3亿吨，探明天然气地质储量不到4亿立方米；1949年石油产量仅为7万吨（不含人造油），天然气产量为0.1亿立方米。1949年新中国成立后的70年，中国石油工业实现翻天覆地的巨大变化，取得举世瞩目的辉煌成就，为我国社会主义建设、改革开放和经济社会发展做出了不可磨灭的巨大贡献。

目前，中国石油天然气集团有限公司是国有重要骨干企业和中国主要的油气生产商和供应商之一，是上下游、内外贸、

目录

古籍文献记载 …… 二

勘探开发 …… 八

 第一口井 …… 八

 发现井 …… 四〇

 高产井 …… 八〇

油气田发展中的重大突破 …… 八八

炼油化工 …… 一三四

油气销售 …… 一六六

国际化经营 …… 一七六

工程技术 …… 二一六

工程建设 …… 二六六

装备制造 …… 三〇二

中国石油工业发展史上的『第一』辑录 …… 三〇五

后记 …… 三一一

古 籍 文 献 记 载

中国古代钻井技术的重大突破
——冲击式顿钻凿井法（卓筒井）

  1041—1048 年，发明冲击式顿钻凿井法，是中国钻井技术的重大突破，改革了"纵广五尺到三十丈"的大口径，钻凿成井口 0.3 米、井深 100 米左右的小口径井，当时把这种口径只有"碗口大小"的小口井称为"卓筒井"。

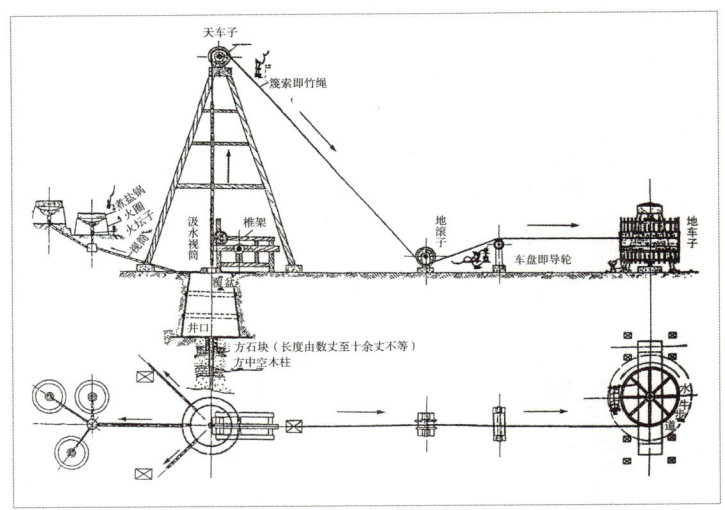

图注
1916 年出版的《川盐纪要》标记了钻井施工的地面提升设备和动力系统

Threads of China Petroleum Milestones

古 籍 文 献 记 载

世界上第一次科学命名"石油"
——《梦溪笔谈》

《梦溪笔谈》成书于1086—1093年,是中国北宋时代沈括的传世之作,作出"石油至多,生于地中无穷"的科学论断,对石油的描述既客观又详尽,是世界上第一次科学命名"石油"。

 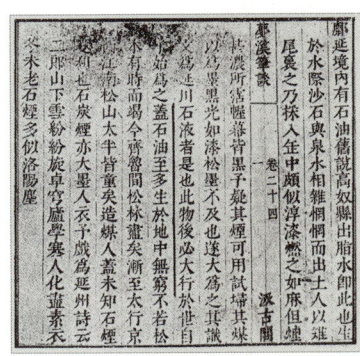

图注
沈括像及《梦溪笔谈》(卷二十四)中关于石油的论断

Threads of China Petroleum Milestones

古 籍 文 献 记 载

全面系统总结中国古代在钻井设备和技术方面著作
——《天工开物》

《天工开物》成书于1637年,是宋应星最主要的代表作,全书三卷十八篇,其中第五卷《作咸》中专门叙述了钻凿盐井程序:"盐井周圆不过数寸,其上口一小盂覆之有余,深必十丈以外,乃得卤性,故造井功费甚难。其器冶铁锥,如碓嘴形,其尖使极刚利,向石山舂凿成孔。其身破竹缠绳,夹悬此锥。每舂深入数尺,则又以竹接其身,使引而长。初入丈许,或以足踏锥梢,如舂米形。太深则用手捧持顿下。所舂石成碎粉,随以长竹接引,悬铁盏挖之而上。大抵深者半载,浅者月余,乃得一井成就。"

 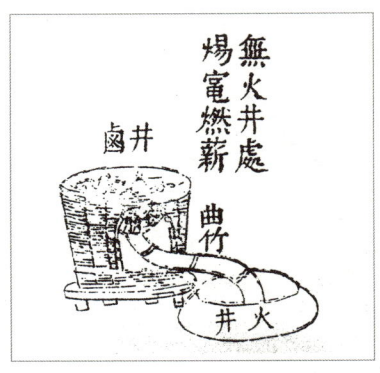

图注
宋应星像及《天工开物》记载的天然气煮盐图

勘 探 开 发

第一口井

世界上第一口天然气井
——四川临邛火井

公元前69年，中国四川邛崃地区已开采利用天然气，在挖掘水井时获得天然气并发生燃烧现象，称为"火井"，邛崃市火井镇因此得名。西汉文学家扬雄在《蜀王本纪》中写道："临邛有火井一所，纵广五尺，深六十余丈……井上煮盐。"《华阳国志·易志》中也有记载："临邛有火井……井有二水。取井火煮之，一斛水得五升盐。"

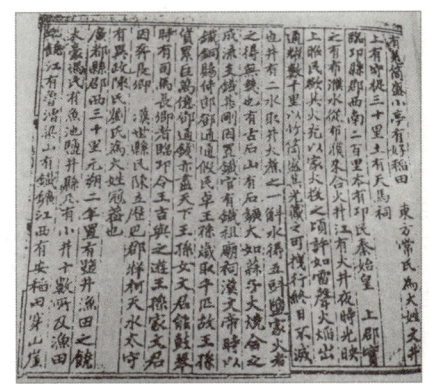

图注
《华阳国志》

Threads of China Petroleum Milestones

勘 探 开 发

第一口井

世界上第一口超千米井
——四川自贡燊海井

1835 年，在自贡地区的自流井气田上凿成燊海井，井深达 1001.42 米，是世界上第一口超千米井，标志着中国古代钻井工艺的成熟。

图注
燊海井的盐工正在用天然气熬制盐

Threads of China Petroleum Milestones

勘 探 开 发

第一口井

中国近代第一口油井
——台湾苗栗出磺坑一号井

  1861年，台湾苗栗发现石油，其后当地人曾用土法开采。1874年，钦差大臣沈葆桢到台湾巡视，得知苗栗出磺坑后垄溪挖成一口3米深的油井，主张收归官办。1877年4月28日，福建巡抚丁日昌为开办苗栗油矿上奏朝廷。获准后，清政府从美国购回一台以蒸汽为动力的新式顿钻机。1878年春，第一口井开钻，在井深115.8米处获得油流。投产1个月，共生产原油400担（约20吨）。这是中国历史上用近代钻机钻成的第一口油井。

图注

出磺坑一号井井场

勘 探 开 发

第一口井

中国陆上近代第一口油井
——陕西延长延1井

　　20世纪初，中国人已较普遍地使用煤油灯，国外煤油大量输入，造成对外贸易大量入超，国内有识之士对开发本国石油的呼声日盛。陕西巡抚曹鸿勋等提出"以延长煤油与外国煤油争衡"，"以中国之财力，开中国之利源"。1904年，曹鸿勋上书清政府试办延长石油矿，当年11月获准。1907年2月成立延长石油官厂，第一口井延1井于6月5日开钻，9月10日钻至81米完井，9月12日投产，初期日产原油1~1.5吨。这是中国大陆陆上用近代钻机钻成的第一口油井。

图注
中国大陆第一口油井——延1井

Threads of China Petroleum Milestones

勘 探 开 发

第一口井

中国自主钻探第一井
—— 陕西延长 101 井

1934 年 9 月 5 日,陕北油矿勘探处严爽主持的 101 井开钻。1934 年 12 月 6 日,101 井完井出油,日产 2.4 吨。该井从地质调查、确定井位,到钻井、出油、炼油,都是由中国人自己完成的。这是完全由中国人将地质和钻探科学地结合在一起打出的第一口获得工业油流井。

图注
2015 年 8 月 28 日,《中国石油报》报道中国人自主钻探第一井——101 井

Threads of China Petroleum Milestones

勘 探 开 发

第一口井

中国现代石油工业发源地的第一井
——老君庙油田老 1 井

老君庙油田 1 号井俗称"老 1 井",是中国石油工业的发源地之一。1939 年 3 月 13 日,按照孙健初在老君庙以北 15 米处确定的 1 号井井位,开始人工挖掘方井导洞。3 月 27 日在井深 23 米处出油,日产油 1.5 吨左右。5 月 6 日改用顿钻加深。8 月 11 日,在 115.51 米处发现 K 油层,日喷原油 10 吨左右。老 1 井出油,揭开了开发玉门石油的序幕,是中国现代石油工业的开端。

图注
玉门油矿老君庙油田老 1 井井场

Threads of China Petroleum Milestones

中国第一口注水井
——玉门油田 M-27 井

1954 年 12 月 27 日,老君庙采油厂在 M-27 井开始油田注水试验。在苏联专家的直接帮助下编制了老君庙油田注水开发方案,M-27 井正式转入注水开发,这是中国注水的第一口井。

图注
中国第一口注水井

Threads of China Petroleum Milestones

勘 探 开 发

第一口井

中国第一对双筒斜向井
——玉门油矿老君庙747井、748井

1956年11月15日，玉门矿务局3210钻井队在苏联专家的帮助下，使用涡轮钻具在老君庙钻成中国第一对双筒斜向井—747井、748井。7月24日，747井开钻，垂深400米造斜，10月24日，1450米完井；7月27日，748井开钻，垂深850米造斜，11月15日，1800米完井。1957年6月12日，747井投产；1958年4月15日，748井试油，1970年投产。

图注
中国第一对双筒斜向井

Threads of China Petroleum Milestones

勘 探 开 发

第一口井

塔里木盆地第一口获工业油流探井
——依 1 井

  1958 年 9 月 23 日，塔里木矿务局 1436 钻井队在位于塔里木盆地北缘天山山区的依奇克里克背斜构造，用瑞典 B-3 钻机钻探依 1 井。10 月 9 日，依 1 井获喷工业油流，初期日产原油 140 立方米。这口探井是塔里木盆地的第一口获工业油流探井，由此发现了塔里木盆地的第一个油田——依奇克里克油田。

图注
依奇克里克油田

Threads of China Petroleum Milestones

勘 探 开 发

第一口井

中国陆上第一口水平井
——川中磨溪地区磨3井

　　1965年5月，第二次四川石油会战开始，把水平井列为"攻克八大技术"之首。11月16日，磨3井川中大安寨油层完钻，垂深1367.79米，斜深1685米，水平位移444.21米，在大安寨组Ⅱ段主油层水平延伸钻进204.5米。这是中国陆上第一口水平井。该井用短涡轮钻具带弯接头造斜和用涡轮钻具钻水平井段的经验，为以后钻水平井提供了借鉴。

图注
磨3井完井地质总结报告

Threads of China Petroleum Milestones

勘 探 开 发

第一口井

中国海上第一口获工业油气流井
——渤海海域海1井

　　1966年12月31日，海洋勘探指挥部在渤海海域使用国产固定桩基钢的渤海1号钻井平台钻探海1井。1967年5月6日钻至2441米完钻。6月14日，在明化镇组下段1615~1630米井段射孔测试，日产原油49.15吨、天然气1941立方米。6月21日，国务院发来贺电，祝贺中国海上第一口获工业油气流井——海1井喷油气。

图注

海1井井场

Threads of China Petroleum Milestones

勘 探 开 发

第一口井

中国石油第一口煤层气井
—— 山西晋平 2-2 井

2006年6月4日，山西沁水盆地晋平 2-2 井获日产天然气 1100 立方米工业气流，标志着中国石油第一口煤层气井试采成功。中国大型、隐伏的含煤盆地多，煤系地层分布广、地史上聚煤期多，煤成油气资源潜力大，是中国油气勘探中重要的资源类型。

图注

晋平 2-2 煤层气井

Threads of China Petroleum Milestones

勘 探 开 发

第一口井

中国石油第一口页岩气井
——四川盆地威201井

威201井于2010年10月19日投入生产，截至2014年11月底，累计生产页岩气84.75万立方米。该井运用远程数据监控和传输系统进行数字化管理。威201井的成功钻探及投产，实现了中国在页岩气勘探开发领域零的突破，表明以四川盆地威远地区为代表的中国南方下古生界页岩气具有良好的勘探开发前景，在中国油气发展史上具有里程碑式的意义。

图注

四川盆地威201井井场

Threads of China Petroleum Milestones

勘 探 开 发

第一口井

中国陆上试获工业油气流最深井
——塔里木油田克深 902 井

2015 年 7 月 14 日，塔里木油田克深 902 井在 8038 米完钻，在目的层位测试求产，用 5 毫米油嘴放喷，获日产天然气 30 万立方米，是迄今为止中国陆上试获工业油气流最深的井。

图注
正在试油的克深 902 井

Threads of China Petroleum Milestones

勘 探 开 发

第一口井

世界海拔最高油井
——青海油田狮 60 井

　　2018 年 9 月 13 日,青海油田狮 60 井第 I 层组经过措施改造后,日产原油 12.1 立方米、日产液 60.68 立方米,标志着柴达木盆地干柴沟区块油气勘探获突破。狮 60 井井口海拔 3620.13 米,完钻井深 4990 米,是世界海拔最高油井。

图注

青海油田狮 60 井

勘 探 开 发

第一口井

亚洲陆上第一深井
——塔里木油田轮探1井

2019年7月17日，中国石油重点风险探井轮探1井钻至8882米后转入完井阶段，刷新取心、测井亚洲最深纪录，成为亚洲陆上第一深井。

轮探1井位于新疆轮台县境内，目的层为寒武系肖尔布拉克组，于2018年6月28日开钻。面对地质资料极度匮乏、超深、超高压、超高温、含硫等钻探难题，塔里木油田从井身结构、钻具抗拉、水力学等方面开展优化论证，实现安全高效钻进，在超深井取心、白云岩钻进、小井眼钻具和钻头的使用方面取得丰硕经验成果。

图注
塔里木油田轮探1井

Threads of China Petroleum Milestones

勘 探 开 发

发现井

柴达木盆地石油勘探重大突破井
—— 青海冷湖地中 4 井

　　1958 年 9 月，青海石油勘探局冷湖勘探大队 1219 钻井队使用 B-3 钻机承钻冷湖五号构造的地中 4 井，9 月 13 日钻至井深 650 米完钻。在井口环形铁板待焊接期间发生井涌，继而出现井喷，原油连续畅喷 3 天 3 夜，日喷原油 800 余吨，发现冷湖油田。

图注
地中 4 井喷出高产油流

勘 探 开 发

发现井

大庆油田发现井
——松辽盆地松基 3 井

  1959 年 4 月 11 日，松基 3 井开钻，由松辽石油勘探局 32118 钻井队承钻，钻至 1050 米时连续取心，见到棕黄色油砂，8 月钻至 1460 米时出现井斜角 5.7 度。石油工业部决定提前完钻、固井、试油。1959 年 9 月 26 日，松基 3 井喷出工业油流，经测试日产原油 13.02 吨，是松辽盆地的第一口喷油井，宣告大庆油田诞生。

图注

松基 3 井喷出工业油流

Threads of China Petroleum Milestones

勘 探 开 发

发现井

吉林油田发现井
——扶 27 井

  1959 年 9 月 27 日，部署在扶余Ⅲ号构造上的扶 27 井试油，9 月 29 日，获得工业油流，发现吉林省第一个油田——扶余油田。1961 年开始开发扶余油田，当年生产原油 0.74 万吨。

图注
扶 27 井获得工业油流

Threads of China Petroleum Milestones

勘 探 开 发

发现井

胜利油田发现井
——华 8 井

　　1961年1月26日，济阳坳陷东营构造上的华8井开钻，由华北石油勘探处32120钻井队承钻，钻至1194米时发现油砂。1961年4月16日，开始试油，日产原油8吨，发现东辛油田。这是渤海湾盆地石油勘探发现的第一个油田。

图注
华8井井场

Threads of China Petroleum Milestones

勘 探 开 发

发现井

大港油田发现井
　　——港 5 井

　　1964 年，河北勘探指挥部（六四一厂）调集力量在港东、港西地区实施钻探。1964 年 11 月 17 日，港 5 井开钻，由 3238 钻井队承钻。同年 12 月 20 日，在钻至古近系沙河街组时喷出高产油气流，试油日产 19.74 吨、天然气 3.4 万立方米，打开了大港地区油气勘探新局面。港 5 井地处北大港构造带，大港油田因此而得名。

图注
港 5 井喷出高产油气流

Threads of China Petroleum Milestones

勘 探 开 发

发现井

辽河油田发现井
——辽 2 井

　　1965 年 5 月 9 日,地质部第一普查勘探大队 3203 钻井队在辽宁省营口市盘锦区大平房屯南承钻辽 2 井；6 月 24 日,在井深 2461.05 米完钻,油气显示井段延续近千米,经测试获日产原油 1.7 立方米、天然气 13 万立方米,发现大平房油田。辽 2 井是辽河油田发现井。

图注
1970 年 3 月,召开辽河石油会战誓师大会

勘 探 开 发

发现井

江汉油田发现井
——王 2 井

1965年7月21日,地质部第五普查勘探大队在江汉盆地王场构造钻探的王 2 井于古近系发现含油层,经测试获工业油流,这是湖北省第一口见油井,也是江汉油田发现井。1969年,经国务院批准,由石油工业部、地质部和湖北省共同组建江汉石油会战指挥部,开展江汉石油会战。

图注
江汉石油会战场景

Threads of China Petroleum Milestones

勘 探 开 发

发现井

江苏油田发现井
——苏 20 井

  1958 年，石油工业部开始苏北地区的石油勘探。1970 年 7 月 31 日，溱潼凹陷戴南构造上的苏 20 井见工业油流，日产原油 14.5 立方米，这是苏北盆地第一口工业油流井，也是江苏油田发现井。

图注
苏 20 井喷出工业油流

Threads of China Petroleum Milestones

勘 探 开 发

发现井

河南油田发现井
———南 5 井

　　河南油田的石油勘探始于 1955 年，初期是进行区域性石油地质普查、重磁力、电法及钻探工作。1970 年，江汉石油会战指挥部决定在江汉盆地以外开展勘探工作。1971 年 8 月 8 日，南阳地区东庄构造南 5 井打出工业油流，发现东庄油田。这是河南油田的第一口工业油井。

图注
南 5 井喷出工业油流

Threads of China Petroleum Milestones

勘 探 开 发

发现井

华北油田发现井
——任 4 井

　　任 4 井位于河北省任丘市惠伯口乡境内辛中驿构造上，1975 年 2 月 17 日开钻，由 3269 钻井队承钻。6 月 4 日，钻至 3200.64 米完钻，钻开白云岩层 47 余米。经过反复讨论，决定把试油重点放到古生界碳酸盐岩地层这个新领域，把套管下至潜山顶。7 月 3 日，喷出工业油流；9 月 7 日，日产原油达到 1014 吨，成为华北油田发现的第一口千吨井，标志着中国第一个碳酸盐岩大油田的发现，创造了"新生古储"原油成藏地质理论，开辟了在古潜山找油找气的新领域。

图注

任 4 井喷出高产工业油流

勘 探 开 发

发现井

中原油田发现井
——濮参 1 井

1975 年，河南油田和石油物探局根据地震勘探资料，在文留构造东高点确定濮参 1 井井位，由河南油田 3282 钻井队于 7 月 25 日开钻。9 月 7 日，钻至井深 2607 米时发生井涌，获工业油流。该井成为中原油田的发现井。

图注
濮参 1 井纪念碑

Threads of China Petroleum Milestones

勘 探 开 发

发现井

柴达木盆地石油勘探重大发现井
——尕斯库勒跃参 1 井

　　1977 年 6 月 27 日，青海 3288 钻井队在柴达木盆地西部的尕斯库勒湖畔钻探跃参 1 井，同年 10 月 3 日，钻至 2751 米提前完钻，14 日，经测试，在深层获日产 807.2 吨高产油流，发现跃进一号油田。后经钻探和扩边滚动开发，探明石油地质储量超过 1 亿吨，成为柴达木盆地继发现冷湖油田 20 年之后的又一重大发现，标志着首个亿吨级储量规模油田的诞生。

图注
跃参 1 井喷出工业油流

Threads of China Petroleum Milestones

勘 探 开 发

发现井

塔里木盆地油气勘探重大突破井
——轮南 2 井

　　1988 年 3 月 24 日，南疆石油勘探公司确定的位于塔里木盆地北部轮南 2 井开钻。10 月 11 日，钻至 5221 米完钻；11 月 18 日，对三叠系进行完井试油获高产油气流，日产原油 682 立方米、天然气 11 万立方米，油气产量十分稳定，是塔里木盆地油气勘探史上具有里程碑式意义的重大突破。

图注
轮南 2 井喷出高产油气流

Threads of China Petroleum Milestones

勘 探 开 发

发现井

吐哈油田发现井
——台参 1 井

　　台参 1 井是石油工业部确定的科学探索井，由玉门油田 6052 钻井队于 1987 年 9 月 22 日开钻。钻探过程中，多次发生井塌、井漏、卡钻等井下复杂情况。钻至井深 4466.88 米时，在侏罗系发现油气层，转入油气测试。1989 年 1 月 5 日，台参 1 井获工业油流，发现鄯善油田，拉开吐哈石油勘探会战的序幕。

图注

台参 1 井获工业油流

Threads of China Petroleum Milestones

勘 探 开 发

发现井

四川盆地天然气勘探重大发现井
——龙4井

  1979年5月12日，位于四川省广元市苍溪县境内九龙山构造区域上的龙4井开钻。1985年10月29日，钻至茅口组顶部完钻，井深6026米。1989年3月26日，经对茅口组井段5988~6009米射孔试油，获日产天然气23.03万~38.86万立方米，累计放喷耗气量2171.29万立方米仍压力不减，从而发现茅口组气藏，为川西坳陷北部勘探打下了基础。

图注
龙4井的完井地质总结报告

Threads of China Petroleum Milestones

勘 探 开 发

发现井

鄂尔多斯盆地天然气勘探重大发现井
——陕参 1 井

　　陕参 1 井位于陕西省靖边县，是中国 10 口科学探索井之一。1987 年，长庆油田决定在鄂尔多斯盆地中部部署一口区域天然气探井——陕参 1 井。1988 年 1 月 24 日开钻，在奥陶系风化壳发现孔洞—裂缝型白云岩；1989 年 6 月 23 日测试完毕，经酸化压裂，日产天然气 13.9 万立方米，获得无阻流量 28.3 万立方米的高产气流，开拓了下古生界碳酸盐岩溶古地貌找气新领域，实现长庆油田从单纯找油向油气并举的转变，在长庆天然气勘探史上具有重要的里程碑式的意义。

图注
陕参 1 井获高产气流

Threads of China Petroleum Milestones

勘 探 开 发

发现井

塔克拉玛干沙漠腹地第一口油气发现井
——塔中 1 井

　　塔中 1 井位于塔里木盆地沙漠腹地，于 1989 年 5 月 5 日开钻，10 月 19 日，对寒武系—奥陶系进行中途测试，获日产原油 576 立方米、天然气 34 万立方米。1990 年 11 月 21 日，塔中 1 井完钻，井深 6505 米。塔中 1 井的突破，初步证实塔克拉玛干沙漠腹地是油气勘探潜力巨大的地区。

图注
塔中 1 井喷出工业油气流

勘 探 开 发

发现井

塔里木盆地天然气勘探战略突破井
——克拉 2 井

　　克拉 2 井位于塔里木盆地库车坳陷北部直线背斜西段克拉苏—依奇克里克构造带上，于 1997 年 3 月 25 日开钻，由塔里木油田第二勘探公司 6088 钻井队承钻。1998 年 1 月 20 日，克拉 2 井在中途测试中获高产天然气流，发现克拉 2 气田。这是中国近年来天然气勘探开发最重大的突破，为西气东输工程奠定了资源基础。

图注
克拉 2 井喷出高产气流

Threads of China Petroleum Milestones

勘 探 开 发

发现井

中国石油在新区新领域风险勘探取得重大突破井
——塔里木油田中秋 1 井

2018 年 12 月 12 日,塔里木油田中秋 1 井经酸压测试获得高产工业油气流,折合日产天然气 33 万立方米,凝析油 21.4 立方米,预示中秋将有 1000 亿方级凝析气藏。这一发现标志着中国石油在新区新领域风险勘探取得重大突破,由此在库车坳陷再次打开一个新的油气富集区带。

图注

塔里木油田风险探井中秋 1 井取得重大发现庆祝现场

Threads of China Petroleum Milestones

勘 探 开 发

发现井

准噶尔盆地天然气勘探重大突破井
——新疆油田滴西110井

2019年7月13日,准噶尔盆地滴南凸起东段天然气勘探获重大突破,滴西110井经自喷试产,获日产19.6万立方米高产工业气流。

该井是新疆油田部署实施的一口评价井,于2019年4月10日开钻,6月6日完钻,在石炭系、二叠系均钻遇良好油气显示。本次实施的滴西110井是滴南凸起东段新领域试油获得的首口超百吨油气当量工业气流井,对丰富北疆石炭系成藏新认识、开辟克拉美丽百里气区新局面等具有重要意义。

图注

新疆油田滴西110井

Threads of China Petroleum Milestones

勘 探 开 发

高产井

中国第一口日产超千吨油井
——胜利油田坨 11 井

　　1964 年，石油工业部集中 20 台钻机详探东营凹陷坨庄—胜利村构造。1965 年 2 月 10 日，坨 11 井试生产，日产原油 1134 吨，成为中国第一口日产超千吨的高产油井。由于该井位于山东省垦利县胜坨分社胜利村，胜利油田由此而得名。

图注
坨 11 井井场

Threads of China Petroleum Milestones

勘 探 开 发

高产井

中国第一口"双千吨"高产井
——辽河油田马20井

马20井位于下辽河凹陷马7断块。1973年9月23日，马20井测试求产，日产原油2010吨、天然气40万立方米，油压、套压稳定，生产压差小，产油能力高，成为中国石油勘探初期日产量最高的一口井，也是中国第一口"双千吨"高产井，创造了中国石油勘探开发史上的历史纪录。

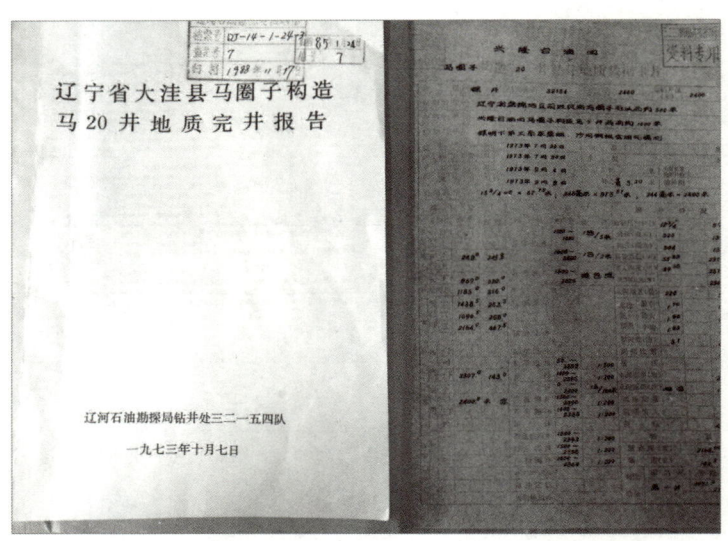

图注
马20井的地质完井报告

勘 探 开 发

高产井

中国单井日初产量最高的油井
——华北油田任 9 井

1976 年 5 月 18 日，位于任丘构造带南高点任 4 井南 2 千米的任 9 井，经大型酸化后喷出高产油流，初期日产量达到 5435 吨，是华北油田单井日初产量最高的油井，也是中国石油勘探开发史上迄今单井日初产量最高的油井。

图注
任 9 井喷油现场

Threads of China Petroleum Milestones

勘 探 开 发

高产井

中国石油陆上深层超深层碎屑岩储层产量最高油井
——新疆油田高探 1 井

2019年1月6日，新疆油田在准噶尔盆地南缘下组合勘探获重大突破，位于新疆乌苏市境内的风险探井——高探1井获高产油气流，日产原油1213立方米、天然气32.17万立方米，井口压力32.4兆帕，创准噶尔盆地单井日产量最高纪录。

高探1井是中国石油陆上深层超深层碎屑岩储层产量最高油井，是准噶尔盆地油气勘探史上的重要里程碑，证实了准噶尔盆地南缘冲断带油气富集，勘探潜力巨大，对全面加快整个南缘地区规模勘探进程意义重大。

图注
新疆油田高探1井

Threads of China Petroleum Milestones

勘 探 开 发

油气田发展中的重大突破

世界上最早规模开采的天然气田
——四川自贡自流井气田

1821—1850年（清代道光年间），四川自贡地区的自流井气田进入大规模开采阶段，盐井和天然气井星罗棋布，数十米高的宝塔式木质井架直耸云天，钻井深度已突破千米，获得丰富气藏，天然气年产量达1亿立方米以上，是世界上最早进行规模开采的天然气田。

图注
四川富荣场钻井现场

Threads of China Petroleum Milestones

勘 探 开 发

油气田发展中的重大突破

中国第一个现代石油矿场
——玉门油矿

中华人民共和国成立前夕,玉门油矿已拥有一支4000余人的石油产业队伍,共生产原油50万吨以上,成为当时中国规模最大、产量最高、员工最多、工艺技术领先的现代石油矿场。

图注
1942年,玉门油矿庆祝完成180万加仑生产任务

Threads of China Petroleum Milestones

勘 探 开 发
油气田发展中的重大突破

新中国发现的第一个大油田
——克拉玛依油田

1955年1月1日,第六次全国石油勘探会议决定挺进黑油山、钻探1号井。经过半年准备,独山子矿务局派出由8个民族、36人组成的1219青年钻井队,承担1号井钻凿任务。经过100多天的钻进,10月29日,黑油山1号井喷油,日产原油19.6吨,发现克拉玛依油田,这是新中国发现的第一个大油田。

图注
1956年10月1日,克拉玛依油田的模型在游行队伍中经过天安门,接受党和人民检阅

Threads of China Petroleum Milestones

勘 探 开 发

油气田发展中的重大突破

新中国第一个天然石油生产基地
——玉门油矿

  1950年8月，玉门矿务局成立，开始建设新中国第一个天然石油生产基地。经过艰苦创业，老君庙油田的面积不断扩大，相继发现石油沟油田、鸭儿峡油田和白杨河油田。玉门油矿成为中国第一个拥有地质勘探、钻井、采油、炼油、机械修配、油田建设和石油科研等门类齐全的大型石油联合企业。1957年10月8日，新华社向国内外发布：新中国第一个天然石油生产基地玉门油矿基本建成。

图注
20世纪50年代，玉门炼油厂生产基地

Threads of China Petroleum Milestones

勘 探 开 发

油气田发展中的重大突破

中国第一个整装气田
——四川威远气田

　　1964年，四川石油管理局对威远构造上的基准井继续加深钻探，钻至井深3041米处，在震旦系顶部获工业气流，日产天然气7.8万立方米，揭开了勘探开发四川盆地最古老的震旦系天然气藏的序幕。1965年，石油工业部组织"开气找油"会战，威远作为主战场，探明天然气地质储量达400亿立方米，同年10月1日投产，是中国第一个整装气田。

图注
威远2号井酸化压裂现场

Threads of China Petroleum Milestones

勘 探 开 发

油气田发展中的重大突破

中国第一个百万吨整装沙漠油田
——准噶尔盆地彩南油田

  1991年5月，彩参2井在侏罗系三工河组试油，获日产原油49吨、天然气4529立方米，发现侏罗系三工河组油藏。随后，彩002井在西山窑组中途测试，获日产原油8.8立方米、天然气63立方米，发现侏罗系西山窑组油藏。这是在古尔班通古特大沙漠中首次发现整装大型油藏。截至1992年年底，彩南地区累计探明石油地质储量6252万吨。1994年8月，彩南油田全面建成，1995年生产原油150.5万吨，标志着中国第一个百万吨级整装沙漠油田的诞生。

图注
彩参2井喷出油气流

Threads of China Petroleum Milestones

勘 探 开 发

油气田发展中的重大突破

中国第一个开发的埋藏深、压力高、凝析油含量高的大型凝析气田
——塔里木盆地牙哈凝析气田

1993年11月，牙哈3井在对古近系进行中途测试中获高产油气流，发现牙哈凝析气田。牙哈凝析气田由牙哈1号至7号凝析气藏组成，凝析气376.45亿立方米，凝析油2975.6万吨。2000年11月16日建成投产，是中国第一个开发的埋藏深、压力高、凝析油含量高的大型凝析气田。

图注
牙哈凝析气田全貌

勘 探 开 发

油气田发展中的重大突破

中国最大凝析气田
——塔里木盆地迪那2气田

2001年4月25日,位于阿克苏地区库车坳陷秋里塔格构造带迪那2号构造的预探井在井深4875.79米钻遇超高压天然气层,发生井喷。6月17—19日进行测试,获日产天然气218.3万立方米,凝析油131立方米,发现迪那2气田。经地质综合研究确认,迪那2号构造含油气面积77平方千米,预测天然气地质储量1500亿立方米,是中国目前发现的最大凝析气田。

图注
迪那2气田处理厂全貌

Threads of China Petroleum Milestones

勘 探 开 发

油气田发展中的重大突破

世界同类大油田开发史上的奇迹
——大庆油田连续 27 年年产原油 5000 万吨

2002 年 12 月，大庆油田年产原油达到 5013.1 万吨。这是大庆油田自 1976 年原油产量首次跃上 5000 万吨后，连续 27 年实现高产、稳产，创造了世界同类大油田开发史上的奇迹。

图注
大庆油田生产现场

Threads of China Petroleum Milestones

勘 探 开 发

油气田发展中的重大突破

中国陆上最大整装天然气田
——塔里木盆地克拉2气田

克拉2气田面积47.1平方千米，探明储量2840.29亿立方米。气田储层物性好，分布稳定，气层平均有效厚度229.8米，资源丰度为每平方千米59.05亿立方米，2004年12月1日建成投产，是中国陆上发现的最大整装天然气田。

图注
塔里木克拉2气田中央处理厂

Threads of China Petroleum Milestones

勘 探 开 发

油气田发展中的重大突破

中国第一个世界级大气区
——鄂尔多斯苏里格气田

2002年5月22日,科技部、中国石油天然气集团公司对外宣布:位于内蒙古伊克昭盟的苏里格气田天然气探明地质储量达6025.27亿立方米,是中国规模最大的天然气田。截至2005年12月,长庆油田在榆林地区上古生界累计探明天然气储量1945.68亿立方米,在乌审旗气田累计探明天然气储量1012.51亿立方米,成为中国第一个世界级大气区。

图注
苏里格气田第一天然气处理厂

Threads of China Petroleum Milestones

勘探开发

油气田发展中的重大突破

中国第一个数字化、规模化煤层气示范基地
——山西沁水煤层气项目

　　2006年，华北油田承担山西沁水盆地煤层气勘探开发和产能建设工作。2009年9月10日，华北油田建设的以煤层气处理中心为核心的系统配套工程，正式投产并向西气东输管道供气，实现了规模外输、煤层气开采商业化运营。同年11月16日举行投产庆典仪式，标志着中国第一个数字化、规模化煤层气示范基地建成。

图注
中国第一个数字化、规模化煤层气田示范工程投产庆典仪式在山西晋城举行

Threads of China Petroleum Milestones

勘 探 开 发

油气田发展中的重大突破

中国最大单体海相整装气藏
——四川盆地安岳气田磨溪龙王庙组气藏

  2014年2月9日，四川盆地天然气勘探获重大突破。经国土资源部审定，安岳气田磨溪区块寒武系龙王庙组新增天然气探明地质储量4403.85亿立方米、技术可采储量3082亿立方米。这是目前中国发现的单体规模最大的特大型海相碳酸盐岩整装气藏。

图注
安岳气田生产现场

勘 探 开 发

油气田发展中的重大突破

中国第一个亿吨级大型致密油田
——长庆油田新安边油田

2013年以来，长庆油田在石油预探评价不断深化储层微观特征及成藏机理研究的基础上，及时优选姬塬致密油勘探为"甜点"区，连续在40余口井的勘探中获得工业油流。2015年5月26日，中国石油天然气集团公司对外宣布：长庆油田在陕北姬塬发现中国第一个亿吨级大型致密油田——新安边油田，提交致密油探明地质储量1亿吨，为长庆油田5000万吨/年稳产打下资源基础。

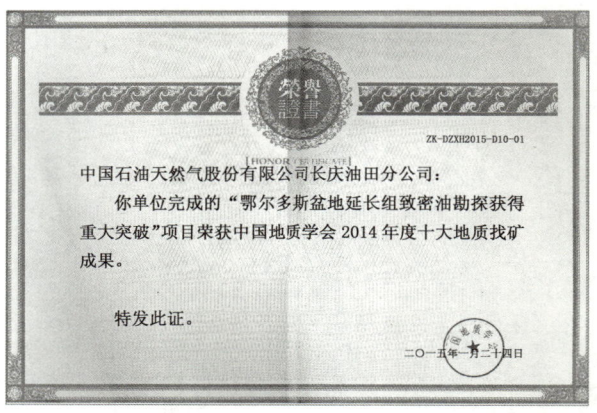

图注

2015年1月24日，长庆油田新安边地区致密油勘探项目被评为中国2014年度"十大地质找矿成果"

Threads of China Petroleum Milestones

勘 探 开 发

油气田发展中的重大突破

亚洲陆上最大采油平台
——吉林油田新立 1 号采油平台

　　2015 年 6 月 24 日，松辽平原查干湖畔的吉林油田新立采油厂三区块北平台中的 1 号平台成功投产 20 口油井。采油平台由 1 号和 2 号两个子平台组成，1 号子平台有油水井 48 口，2 号子平台有油水井 39 口，是目前亚洲陆上最大的采油平台。

图注

吉林油田新立采油厂三区块北平台中的 1 号采油平台

Threads of China Petroleum Milestones

勘 探 开 发

油气田发展中的重大突破

世界最大砾岩油田
——准噶尔盆地玛湖油田

2017年11月30日，新疆油田在准噶尔盆地玛湖凹陷中心区发现10亿吨级砾岩大油区，三级石油地质储量12.4亿吨，其中探明储量5.2亿吨。这是目前世界上发现的最大砾岩油田，为中国乃至世界砾岩勘探提供了成功经验。

图注
玛湖油田地质全貌

Threads of China Petroleum Milestones

勘 探 开 发

油气田发展中的重大突破

世界上最深的储气库群
——华北油田苏桥储气库群

　　截至 2018 年 9 月 10 日，华北油田顾辛庄储气库投产以来，平稳运行 11 天，累计注气 490 余万立方米，全面参与苏桥储气库群调峰保供运行。这标志着历经 6 年多建设的苏桥储气库群全面投产。华北油田苏桥储气库群始建于 2012 年，由苏 1、苏 20、苏 4、苏 49、顾辛庄 5 座储气库构成，总有效库容 67.38 亿立方米，设计工作气量 23.32 亿立方米/年，是华北油田自行设计、建设的首座地下储气库群，也是目前世界上最深的储气库群，库群平均深度在 4900 米以上。

图注
华北油田苏桥储气库注采作业区

Threads of China Petroleum Milestones

勘 探 开 发

油气田发展中的重大突破

中国日产量最大的页岩气田
—— 中国石油川南页岩气田

2018年12月24日，中国石油川南页岩气日产量突破2000万立方米，达到2011万立方米，成为目前国内日产量最大的页岩气田。

川南地区是中国石油页岩气勘探开发主战场。在川南页岩气勘探开发过程中，西南油气田把提高单井产量作为主要目标，全面推行"地质工程一体化设计、地质工程一体化施工"高产井培育模式，Ⅰ类储层钻遇率超95%，实现3500米以浅资源规模有效开发；在管理方面开创国内页岩气勘探开发多项先河，促进页岩气快速发展。

图注
西南油气田页岩气开发现场

Threads of China Petroleum Milestones

勘 探 开 发

油气田发展中的重大突破

中国最大采气丛式井组
——长庆油田苏里格气田苏6-4-13丛式井组

2019年1月25日，长庆油田苏里格气田苏6-4-13丛式井组投运，井场布井数量增加到23口，刷新之前由长庆油田创造的中国陆上20口丛式采气井组最大组合纪录，是目前中国最大采气丛式井组。

随着气田开发不断深入，剩余储量劣质化现象突出。特别是在苏里格气田，单井产量低、投资成本高、征借地难度大、环境保护要求高等多种因素，成为影响气田高效开发的瓶颈问题。苏6-4-13井井场实施"大井场施工、集群化布井、多层系开发、联动型作业"效益建产模式，积极探索低品位储量高效益开发有效路径。

图注

长庆油田苏里格气田苏6-4-13丛式井组

Threads of China Petroleum Milestones

勘 探 开 发

油气田发展中的重大突破

中国最大海相碎屑岩油田
——塔里木油田哈得油田

截至 2019 年 3 月 13 日，哈得 4-44 水平井在低密度柔性水膨胀颗粒技术助力下，日产油从 17 吨增加到 28 吨。借助控水增油、滚动扩边两大优势，哈得油田实现持续稳产，累计生产原油 2508 万吨，成为中国第一个超 2500 万吨的海相碎屑岩油田。

图注
塔里木油田哈得油田

Threads of China Petroleum Milestones

勘 探 开 发

油气田发展中的重大突破

世界上最大超深层凝析油气生产基地
——塔里木油田

截至2019年3月25日,塔里木油田成功开发迪那、塔中1号等14个超深超高压复杂凝析气田,建成世界上最大超深层凝析油气生产基地,累计生产天然气1066亿立方米、凝析油及轻烃等石油液体2477万吨,成为世界深层复杂凝析气田开发引领者。

图注

塔里木油田英买力凝析气田

Threads of China Petroleum Milestones

勘探开发

油气田发展中的重大突破

中国陆上最深气田全面投入开发
——塔里木油田克深 9 气田

2019 年 11 月 6 日，塔里木油田克深 9 气田最后一口开发井克深 9-1 井建成投产，每天将有 60 万立方米天然气输向下游。这标志着中国陆上开发最深的克深 9 气田全面投入开发。

克深 9 气田位于新疆天山南麓，含气总面积 51.5 平方千米，上交探明天然气储量 548.49 亿立方米，钻探的 9 口探评价井平均深度达 7785 米，特征表现为超深、超高压、超高温，井底温度最高接近 200 摄氏度，压力最高达 180 兆帕，属于世界罕见的超深超高压裂缝性致密砂岩气藏，是目前国内开发最深的气田，已累计生产天然气 32.3 亿立方米。

图注

塔里木油田克深 9 气田

Threads of China Petroleum Milestones

勘 探 开 发

油气田发展中的重大突破

中国最大页岩油水平井大平台
——长庆油田陇东国家级页岩油示范区华H40平台

2019年11月27日,长庆油田陇东国家级页岩油示范区效益开发示范平台华H40平台最后一口水平井顺利完钻。至此,该平台部署的20口水平井,平均完钻水平段长度达到2014米,钻遇Ⅰ+Ⅱ类优质储层2.8万米,控制储量720万吨,预计年产油量可达15万吨,单平台可达到200至300口常规定向井的开发效果,创国内陆上水平井部署井数最多、控制储量最大及单平台产量最高3项纪录。

图注

长庆油田陇东国家级页岩油示范区效益开发示范平台华H40平台

炼 油 化 工

中国第一个人造石油生产厂
——抚顺石油一厂

　　1909年，在开采煤炭过程中发现油母页岩覆盖在煤层之上。经过十余年的试验研究，确立了内热式干馏炉的炉型。1928年4月，开始在抚顺兴建石油厂（西制油厂，石油一厂前身），建设单炉日处理油母页岩50吨的干馏装置，设计能力为年产页岩原油7万吨。1930年建成投产，实现页岩油工业化生产。

图注
抚顺石油一厂

Threads of China Petroleum Milestones

炼 油 化 工

中国现代炼油工业开端
——玉门油矿蒸馏锅炼油

1938年6月，国民政府组建甘肃油矿筹备处，负责勘探开发玉门石油资源。1939年3月，甘肃油矿筹备处首次采得原油后，随即着手炼油筹备工作。同年4月，从酒泉西北化学公司购得70加仑蒸馏锅1个，安装于老君庙油矿。同年5月6日，试炼成功，获得汽油、煤油、柴油等产品，这是中国现代炼油工业的开端。

图注
1939年5月，玉门油矿用蒸馏锅试炼汽油、煤油、柴油等

Threads of China Petroleum Milestones

炼 油 化 工

中国第一个天然石油加工基地
——甘肃油矿筹备处第一炼油厂

　　1939年10月，甘肃油矿筹备处在石油河畔兴建第一炼油厂。1940年2月底建成，共加工原油1505吨，生产汽油211吨、灯油100吨、含蜡柴油193吨。1941年3月，甘肃油矿局成立后，对第一炼油厂进行扩建。1943年7月被大雨冲毁，后迁址四台。

图注
甘肃油矿筹备处第一炼油厂

炼 油 化 工

中国第一个合成石油生产厂
——锦州合成燃料厂

  1950年4月，根据第一次全国石油工业会议提出的"大力勘探天然石油资源，同时发展人造石油，长期积极地努力发展石油工业"的方针，燃料工业部修复扩建锦州合成燃料厂。1951年2月10日，经过脱硫、合成炉、吸着等工序，中国第一滴合成石油流淌出来，当日生产2000升以上，为中国发展合成石油工业奠定基础。

图注
1951年1月15日，迪地尔炉加煤投料试运行成功

Threads of China Petroleum Milestones

炼 油 化 工

中国第一个大型化工生产基地
——吉林"三大化"

1954年,由苏联援建的吉林"三大化"——染料厂、肥料厂、电石厂开工建设。1957年10月25日建成投产,标志着中国第一个大型化工生产基地的诞生。

图注
1957年4月31日,肥料厂生产出第一袋化肥

Threads of China Petroleum Milestones

炼 油 化 工

中国第一批合成纤维生产厂
——锦西石油五厂

20世纪50年代初，中国化学工业基础薄弱，无法生产合成纤维的重要原料——己内酰胺。1954年，国家重工业部化工局把研制己内酰胺任务下达给沈阳化工研究院和锦西石油五厂，并决定在锦西石油五厂进行生产性试验。1958年4月，第一批国产己内酰胺试验样品一次抽丝成功。因为己内酰胺是锦西石油五厂生产的，所以这种合成纤维被命名为"锦纶"。

图注
合成纤维成品展示

Threads of China Petroleum Milestones

炼 油 化 工

中国第一批国产塑料生产厂
——锦西化工厂

按照1956年全国第一次塑料专业会议要求，锦西化工厂承担了塑料试生产任务。经过两年的研发，克服了氯化过程中氯的添加控制，改进氯化氢含氯过量等问题。1958年6月，中国第一座3000吨聚氯乙烯装置建成投产，成功地生产出第一批国产聚氯乙烯（塑料）。

图注
锦西化工厂的塑料生产车间

Threads of China Petroleum Milestones

炼 油 化 工

中国第一座现代化炼油厂
——兰州炼油厂

　　1956年4月29日，由苏联援建的兰州炼油厂开工建设。1958年9月13日，一期工程建成。随后，电脱盐、常减压蒸馏、热裂化、氧化沥青等5套装置分批投入试生产。1959年3月，兰州炼油厂正式投入生产，当年加工原油73万吨，生产汽油、柴油、煤油和润滑油4大类产品41万吨，是中国建立的第一座大型现代化炼油厂。

图注
1958年9月，兰州炼油厂一期工程建成

炼 油 化 工

中国第一个年炼油能力达百万吨以上的炼油厂
——独山子炼油厂

　　1955年10月29日，克拉玛依黑油山1号井出油后，大量石油运往独山子炼油厂。为提升炼油加工能力，1957—1960年，独山子炼油厂实施三期扩建改造，原油处理能力从7万吨/年提高到98万吨/年，能生产27种油品。1960年12月，独山子炼油厂原油加工量达到121万吨，成为当时全国第一个年炼油能力达百万吨以上的炼油厂。

图注
1959年的独山子炼油厂双炉裂化装置

Threads of China Petroleum Milestones

炼 油 化 工

中国炼油工业技术重大突破
——"五朵金花"

　　20 世纪 60 年代初，中国石油产品自给率仅为 63%，特别是军用油品短缺。大庆油田投入开发后，1963—1965 年，石油工业部迅速有计划组织炼油技术攻关，先后攻克了被誉为"五朵金花"的流化催化裂化、铂重整、延迟焦化、尿素脱蜡及配套所需的催化剂、添加剂等五个攻关项目。1965 年生产汽油、煤油、柴油和润滑油 617 万吨，自给率达 97.6%，提前实现了"三年过关，五年立足于国内"的目标，满足了"两弹一星"试验和国民经济的急切需求。

催化剂、添加剂装置

铂重整装置

尿素脱蜡装置

延迟焦化装置

流化催化裂化装置

图注
"五朵金花"生产装置

炼 油 化 工

中国最大的沥青生产基地
——辽河石化

1999年8月27日，经国家批准，辽河油田石油化工总厂（辽河石化前身）实施80万吨/年重交沥青扩建工程。2001年5月，工程建成投产。2004年12月，辽河石化建成年产100万吨的国内最大沥青生产基地。

图注
2013年，呼和浩特抽水蓄能电站大坝施工铺装辽河石化生产的沥青

Threads of China Petroleum Milestones

炼 油 化 工

中国最大炼油生产基地
——大连石化

  2005年2月22日，大连石化1000万吨/年常减压蒸馏联合装置开工建设。2006年3月28日，建成投产，原油一次加工能力达到2050万吨/年，成为国内最大的炼油生产基地。

图注
大连石化装置一角

Threads of China Petroleum Milestones

炼 油 化 工

中国最大的炼化一体化工程
——独山子石化千万吨炼油、百万吨乙烯工程

2005年8月，独山子石化千万吨炼油、百万吨乙烯工程开工建设。2009年8—9月，千万吨炼油工程和百万吨乙烯工程一次投料试车成功，标志着工程全面建成投产，是国内迄今为止最大的炼化一体化工程，入选中华人民共和国成立60周年"百项经典建设工程"。

图注
独山子石化厂区夜景

炼 油 化 工

中国第一个全加工俄罗斯原油基地
——辽阳石化

2006年12月8日，中国首套加工俄罗斯原油的550万吨/年常减压装置在辽阳石化建成投产。2009年7月，辽阳石化千万吨炼油项目开工建设，2011年3月建成投产，每年可加工1000万吨俄罗斯高含硫原油，是中国第一个千万吨级全加工俄罗斯原油基地。

图注

辽阳石化厂区一角

Threads of China Petroleum Milestones

炼油化工

中国第一个国产化大型乙烯成套技术工业化项目
—— 大庆石化120万吨/年乙烯改扩建工程

2009年9月29日,国家科技部"863"重点攻关项目——大庆石化120万吨/年乙烯改扩建工程开工建设。2012年10月5日建成投产,标志着中国第一个国产化大型乙烯成套技术工业化获得成功,彻底改变了半个多世纪以来乙烯技术依赖进口的被动局面,大大提升了中国石油化工行业在国际炼化领域话语权。

图注
建设中的大庆石化120万吨/年乙烯改扩建工程施工现场

Threads of China Petroleum Milestones

炼 油 化 工

世界上单厂生产能力最大的高档环烷基润滑油生产企业
——克拉玛依石化

2019年11月18日,克拉玛依石化变压器油质量升级及润滑油结构调整项目——40万吨/年润滑油高压加氢装置一次试车成功,高档润滑油年生产能力达到100万吨,成为世界上单厂生产能力最大的高档环烷基润滑油生产企业。

图注
克拉玛依石化新建成的40万吨/年润滑油加氢装置

Threads of China Petroleum Milestones

"洋油"输入中国

"洋油"是近代中国人对外国石油产品的统称。早在1863年（清同治二年）就有2100加仑煤油进口，以供在华洋人点灯之用。1895年，美孚石油公司成为第一个在中国销售煤油的外国石油公司。1904—1948年间，中国（不包括台湾和独山子）累计生产原油278.5万吨，进口洋油2880万吨。"洋油"输入中国，掠走巨额财富，使中国近代石油工业遭到严重打击和排挤。

公元	中国历史纪年	煤油输入总量（加仑）	汽油输入总量（加仑）	柴油输入总量（加仑）	润滑油输入总量（加仑）
1863年	同治二年	2100			
1865年	同治四年	6668			
1870年	同治九年	281004			
1875年	光绪一年	1291486			
1880年	光绪六年	3429423			
1885年	光绪十一年	14000000			
1890年	光绪十六年	30828724			
1895年	光绪二十一年	52017000			
1900年	光绪二十六年	83580000			
1905年	光绪三十一年	153420000			
1910年	宣统二年	161390000	224931		
1915年	民国四年	135070111	693129	6422724	4484550
1920年	民国九年	189588540	2604634	36662388	6026412
1925年	民国十四年	258570591	8823511	34080774	7169988
1930年	民国十九年	157130120	29881320	87970877	13029535
1935年	民国二十四年	102114792	40909746	231825937	10377720
1940年	民国二十九年	68688103	34105469	120702684	8525356
1945年	民国三十四年	604857	1882212	783682	148054
1948年	民国三十七年	33618903	89427741	219836148	12077348

图注
1863—1948年进口"洋油"统计表

Threads of China Petroleum Milestones

油 气 销 售

中国最早的油品商标
——甘肃油矿局"建国"牌油品商标

　　1941年7月,甘肃油矿局生产的石油产品开始正式销往全国各地。美国飞机使用了高标号汽油,无须再做其他质量技术处理,就可立即起飞执行任务。同年12月,甘肃油矿局生产的"建国"牌油品便以质量上乘声名远播,产品供不应求。这是中国最早的油品商标,也是中国第一个国产石油产品商标。

图注
"建国"牌系列石油产品运往全国各地

Threads of China Petroleum Milestones

油 气 销 售

中国第一个石油产品销售机构
——重庆国光油行

　　1942年7月23日，为扩大销售业务，甘肃油矿局在重庆设立国光油行，这是中国第一个石油产品销售机构。之后，又在川东、甘肃、陕西等地进行分区营业。1943年初，重庆国光油行撤销，改为甘肃油矿局业务处重庆营业所，并在兰州设立煤油销售处，进行油品销售，直至玉门油矿解放。

图注
甘肃油矿在重庆设立国光油行

Threads of China Petroleum Milestones

油 气 销 售

中国石油海外第一座加油站
——苏丹 ALAMARAT 加油站

2000 年 11 月 16 日,中国石油海外第一座加油站在苏丹喀土穆揭幕。2001 年 3 月 1 日投入运营。

图注

苏丹 ALAMARAT 加油站

Threads of China Petroleum Milestones

油 气 销 售

世界上海拔最高的加油站
——双湖加油站

  双湖加油站位于海拔 5000 米的西藏双湖特别行政区，含氧量不到平原的三分之一，全年冻土时间超过 280 天，是方圆 400 千米内的唯一的一座加油站，也是避难所、邮政所、急救站，成为过路司机和当地藏民心中的灯塔。

图注

2003 年，由中国石油援建的西藏双湖特别行政区双湖加油站投入运营

Threads of China Petroleum Milestones

国 际 化 经 营

中国第一个石油资源对外合作合同
——《中美陕直二省石油合同》

　　1914年2月10日,北洋政府与美孚石油公司签订《中美陕直二省石油合同》,成立溥利石油公司,合作勘探开发延安和承德附近的石油。这个合同是中国历史上第一个得到初步实行的中外合作勘探开发石油合同。北洋政府派前任财政总长熊希龄为督办,成立"筹办全国煤油矿事宜处"。同年6月,在延长设立中美油矿事务所,统一管理陕北石油的勘探事宜。美孚石油公司运来4台汽动顿钻机,组建了3个钻井队。截至1916年年初,共钻井7口,但未获工业油流,美孚石油公司将地质和钻井人员全部撤离回国,中美油矿事务所亦随之撤销。

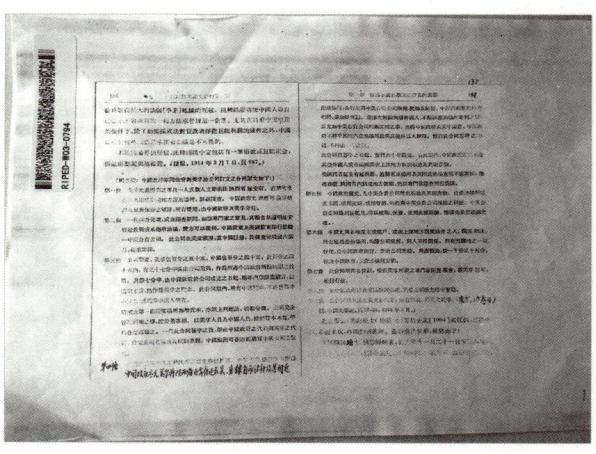

图注
《中美陕直二省石油合同》

Threads of China Petroleum Milestones

国际化经营

中华人民共和国第一家中外合资石油企业
——中苏石油股份公司

  1950年3月27日，中国和苏联签订《中苏关于在新疆创办中苏石油股份公司的协定》。1950年9月15日，中苏石油股份公司第一次创办人（股东）大会在迪化（今乌鲁木齐）召开。9月30日，中苏石油股份公司宣告成立。这是中华人民共和国第一家中外合资石油企业。1954年12月31日结束运营，交中方设立新疆石油公司。

图注
中苏石油股份公司标徽

Threads of China Petroleum Milestones

国 际 化 经 营

石油工业部第一次向国外派遣考察团

　　1955年9月5日,石油工业部第一次部务会会议决定,派出以周文龙、康世恩为团长的两个石油代表团,分赴东欧和苏联考察,要求通过考察带回发展中国石油工业的可行办法。这是石油工业部成立后第一次向国外派遣大型考察团。

图注
赴苏联石油考察团部分成员合影

Threads of China Petroleum Milestones

国际化经营

中国第一批海洋石油资源对外合作合同

　　1980年5月29日，石油工业部以中国石油天然气勘探开发公司名义与法国埃尔夫—阿奎坦公司和道达尔公司在北京分别签署渤海中部石臼坨—渤东海区和北部湾东北部海区石油勘探、开发、生产合同。同日，与日本日中石油开发株式会社和埕北石油开发株式会社，在日本东京分别签署在渤海西部、南部和埕北油田合作发展石油勘探、开发、生产合同。合同采取"低风险，合作开发，原油补偿，中方固定留成"的模式。这是中国与外国公司双边谈判签署的海洋石油资源对外合作第一批石油合同。

图注
1983年5月10日，中国海洋石油总公司同中标的外国石油公司签订合作合同

Threads of China Petroleum Milestones

国际化经营

中国石油第一份陆上石油资源对外合作合同
——《海南岛福山凹陷风险勘探合同》

1985年5月28日，中国石油天然气勘探开发公司海南公司与澳大利亚CSR东方石油有限公司、布鲁肯希尔中国公司、贝新石油N.L.公司、贝斯资源有限公司，签订中国陆上石油资源对外合作的第一个合同——《海南岛福山凹陷风险勘探合同》。合同区面积2812平方千米，合同金额2070万美元。1991年12月，合同终止。

图注
1986年5月，在澳大利亚布里斯班召开海南岛福山凹陷石油合同联管会议

Threads of China Petroleum Milestones

国际化经营

中国石油海外油气合作第一标
——秘鲁项目

1993年3月，中国石油中标秘鲁塔拉拉油田第七区块生产服务合同。这是中国海外油气合作第一标。该区块当时已到废弃边缘。1994年4月又中标六区块。中国石油将国内经验与秘鲁石油地质特点相结合，在六区4226井打出日产3302桶的特高产量，成为秘鲁历史上措施产量最高的一口井。六、七区块成为秘鲁塔拉拉地区唯一在1994—1997年产量持续增长的区块，1997年最高日产达到7000桶以上，年产196.2万桶，在国际上树起了中国石油的良好形象。

图注
秘鲁塔拉拉油田现场

Threads of China Petroleum Milestones

国际化经营

中国石油工业史上第一桶海外权益原油

　　1993年7月5日，中国石油天然气总公司收购加拿大阿尔伯塔省卡尔加里东北的北瑞宁油田15.8865%工作权益，享有51.5万桶油当量储量份额和19.5年的开采年限。7月15日，生产出中国石油工业史上第一桶海外权益原油。这是中国石油"走出去"开展国际化经营取得的初步成果，也为探索海外油气合作提供了经验。

图注
第一桶海外权益原油（原石油工业部部长王涛捐赠）

Threads of China Petroleum Milestones

国 际 化 经 营

中国陆上第一个天然气对外合作项目
——川中项目

川中地区致密气藏气水关系复杂，单井产量低，规模效益开发难度较大。1997年8月18日，中国石油与美国安然油气公司签订《四川盆地川中区块石油开发和生产合同》，合同初始面积7525平方千米，合同期30年，是中国陆上第一个天然气对外合作项目。

图注
川中项目八角场压裂现场

Threads of China Petroleum Milestones

国际化经营

中国石油第一船境外生产原油运抵国内

1997年9月15日,"柳河号"油轮满载中国石油在秘鲁塔拉拉油田生产的6万吨原油从越南串换后运抵秦皇岛码头。这是中国石油开展国际油气合作业务运回国内的第一船份额原油。

图注
1997年9月15日,中国石油在秦皇岛港举行接油仪式

Threads of China Petroleum Milestones

中国石油海外第一条长输原油管道
—— 苏丹124区至苏丹港原油管道

苏丹124区至苏丹港长输原油管道1506千米,由大尼罗公司投资,中国石油工程建设公司负责工程施工总包。这是中国石油海外合作建设的第一条输油管道,也是非洲历史上最长的一条输油管道。管道南起黑格里格(Heglig)油田,北至苏丹港,年输油能力超过1500万吨。1998年5月1日管道开工建设,1999年4月30日管道实现机械完工,6月22日管道投入运行,8月19日原油经长输管道安全抵达苏丹港末站。2014年8月31日,按合同协议将苏丹124区石油管道所有权与运营权移交给苏丹政府。此前管道已累计输油逾11亿桶,装船1000余艘。

1998年8月30日,苏丹124区首船原油在苏丹港装船出口

Threads of China Petroleum Milestones

国 际 化 经 营

中国石油海外合资建设的第一座炼油厂
——苏丹喀土穆炼油厂

　　1997年3月1日，中国石油天然气总公司与苏丹能矿部签署合资建设喀土穆炼油厂协议。1998年5月26日，苏丹炼油项目开工建设，2000年5月16日建成投产，原油加工能力为250万吨/年。2004年9月18日至2006年6月30日，完成二期扩建工程，加工能力达500万吨/年。这是中国石油在海外合资建设的第一座整装大型燃料型炼厂，结束了苏丹石油产品长期依赖进口的历史，被中苏两国元首称为"中苏合作的典范"。

图注

苏丹喀土穆炼油厂

Threads of China Petroleum Milestones

中国石油海外第一个千万吨级大油田
——苏丹 124 区油田

1999 年 5 月 22 日,苏丹 124 区黑格里格(Heglig)油田项目接管后第一口井出油。5 月 31 日,苏丹 124 区油田生产的原油进入中心处理站,宣布油田投产。苏丹总统巴希尔等政府要员及伙伴公司代表参加投产庆典。2000 年 12 月 20 日,尤尼提(Uniti)油田日产原油突破 20 万桶,124 区年产量达到 1000 万吨规模。这是中国石油海外建成的第一个千万吨级大油田。

图注
苏丹 124 区油气处理厂

Threads of China Petroleum Milestones

国 际 化 经 营

中国石油在海外承建的最大集油站项目
——科威特集油站项目

  2001年3月20日，中国石油在科威特承包建设的G28号集油站项目全面竣工并正式投产，至此，中国石油在科威特承包建设的集油站工程项目全面竣工。该项目包括日处理原油19万桶和22万桶的27号、28号站及相应配套的传输管线，是当时中国石油在海外承建的最大集油站项目，也是科威特自20世纪90年代以来最大的石油地面工程建设项目，具有规模大、工艺先进、质量要求高的特点。

图注
科威特27号集油站工程

Threads of China Petroleum Milestones

中国石油第一个百万吨级浅海合作油田
——渤海湾赵东油田

　　1993年2月10日,中国石油天然气勘探开发公司与美国路易斯安那中国公司签订《中华人民共和国渤海湾浅海地区赵东区块石油勘探开发和生产合同》,成为中国北方陆上第一个对外合作勘探开发油气资源合同。1997年钻探的C4井,在侏罗系沙河街组等8个层组实现单井组合日产原油2051吨,成为当年国际合作的世界级高产油井。2003年8月5日,建成中国石油第一个百万吨级的浅海合作油田。

图注
赵东油田海上钻井平台

Threads of China Petroleum Milestones

国 际 化 经 营

中国企业海外最大收购交易
—— 收购哈萨克斯坦 PK 石油公司

  2005 年 10 月 26 日，中国石油天然气集团公司以每股 55 美元，总价 41.8 亿美元，100% 收购哈萨克斯坦 PK 石油公司，是当时中国企业走出国门后最大的单笔投资项目和第一个大型上市公司整体并购交易，也是当年全球能源业第二大企业并购交易。

图注

哈萨克斯坦 PK 项目，原油生产能力 1000 万吨／年

Threads of China Petroleum Milestones

国 际 化 经 营

中国石油最大的境外陆上天然气合作项目
——土库曼斯坦阿姆河天然气合作项目

阿姆河天然气项目位于土库曼斯坦东部的阿姆河右岸，分一期工程和二期工程两个阶段实施，设计年产商品气130亿立方米，是西气东输二线的主供气源，分别于2009年12月和2014年5月投产运行。这是中国石油迄今为止最大规模的境外天然气勘探开发合作项目。

图注
阿姆河第一天然气处理厂

Threads of China Petroleum Milestones

中国石油国内陆上最大天然气合作项目
——川东北罗家寨高含硫气田项目

2007年12月,中国石油天然气集团公司与美国雪佛龙公司签订《中华人民共和国四川盆地川东北区块开发和生产天然气合同》,共同开发川东北区块高含硫天然气资源。罗家寨气田是川东北天然气勘探开发项目的第一期工程,于2010年8月5日开工建设。2016年5月27日全面投产,日处理含硫气能力900万立方米,年产气能力30亿立方米。这是中国石油国内陆上最大的中外合作开发高含硫天然气项目。

图注
罗家寨天然气处理厂

Threads of China Petroleum Milestones

国 际 化 经 营

"一带一路"倡议提出后实施的第一个海外特大型项目
——亚马尔液化天然气项目

2017年12月8日,中俄能源合作重大项目——亚马尔液化天然气项目第一条生产线正式投产。中国石油全价值链参与项目运作,持有项目20%股份。该项目第二、第三条生产线分别于2018年8月9日和11月21日投产,具备1650万吨/年生产液化天然气能力,每年将至少有400万吨液化天然气产品运往中国市场。该项目是目前全球在北极地区开展的最大液化天然气工程,也是中国"一带一路"倡议提出后实施的第一个海外特大型项目。

图注
亚马尔LNG项目施工现场

国 际 化 经 营

中国石油第一个超深海项目
——巴西里贝拉项目

  2018年3月15日，中国石油和中国海油在巴西里贝拉项目顺利联合完成首次海上提油作业，所提原油将经由乌拉圭运回中国。这标志着中国石油第一个超深海项目——巴西里贝拉项目正式进入投资回收阶段，填补了中国石油在深海油气开发生产和提油销售领域的空白。

图注
巴西里贝拉项目卸油作业现场

Threads of China Petroleum Milestones

国 际 化 经 营

全球物探行业迄今最大采集服务合同

2018年7月19日,中国石油东方地球物理勘探有限责任公司(BGP)与阿布扎比国家石油公司(ADNOC)在阿布扎比签署海上和陆上三维采集合同。合同金额16亿美元,是全球物探行业有史以来三维采集作业涉及金额最大的一笔合同。同年9月15日,BGP所属的8615B队承担的阿联酋海上和陆上三维石油勘探项目陆上区块开始采集作业。

图注

8615B队承担的阿联酋海上和陆上三维石油勘探项目陆上区块开始采集作业

Threads of China Petroleum Milestones

工 程 技 术

中国第一个使用抽油机采油的油田
——玉门油矿

　　玉门油矿是中国第一个使用抽油机采油的油田。1939年8月，老君庙一号井投入开发后，由于当时采用的是无控制自喷的生产方式，投产后不久便失去自溢能力。针对这种情况，1940年春，甘肃油矿筹备处从四川调来一部以柴油机为动力的抽油机，5月24日装于老1井，标志着中国机械采油的开端。

图注
1980年，玉门石油管理局在老君庙前原玉门油田老1井的钻凿处安装了抽油机，铭刻了碑文

Threads of China Petroleum Milestones

工 程 技 术

中国科学采油的开始

1945年6月,为延长油井寿命,玉门油矿所有油井全部改用0.5英寸左右的小油嘴,标志着中国科学采油的开始。

图注
玉门油矿采油现场

Threads of China Petroleum Milestones

工 程 技 术

中国石油第一个选油站
——南岗选油站

　　中国石油第一个选油站建在玉门油矿。1942年以前，玉门油矿鉴于输送至炼油厂的原油质量较差和天然气全部损失的情况下，决定建设选油站。由于建设选油站的设备需要从美国订购，直到1945年8月才建成南岗选油站和十二井选油站。投产后不但提高了原油质量，还回收了天然气。至此，玉门油矿的采油流程日臻完善。

图注
南岗选油站

Threads of China Petroleum Milestones

中国第一支重磁力勘探测量队

　　1945年10月5日，中国第一支重磁力勘探测量队在玉门油矿成立。翁文波（前左6）任队长，成员有丛范滋（前左7）、汤任先（前左4）、李德生（前左3）、冯平（前左5）等。测量队完成了《甘肃走廊西部重磁力测量提要》，绘制了河西走廊十万分之一地质、重磁力线综合图20幅，并完成了大量的勘探工作。

图注
中国第一支重磁力勘探测量队合影

工 程 技 术

中国第一个采油研究机构

从 1945 年起，玉门油矿地质研究工作陆续展开，于 1946 年 10 月在老君庙矿场工程室内设置了研究室，这是中国最早的采油研究机构。

图注
采油研究室职工工作照

Threads of China Petroleum Milestones

中国第一个泥浆研究机构

1943年,老君庙油田开始使用泥浆搅拌机,增添了泥浆储罐、泥浆枪、泥浆筛等设施。为克服泥浆污染和油层堵塞问题,改进泥浆质量,1946年,老君庙矿场在工程室内设立了泥浆室,是中国第一个泥浆研究机构,负责人是黄先训。

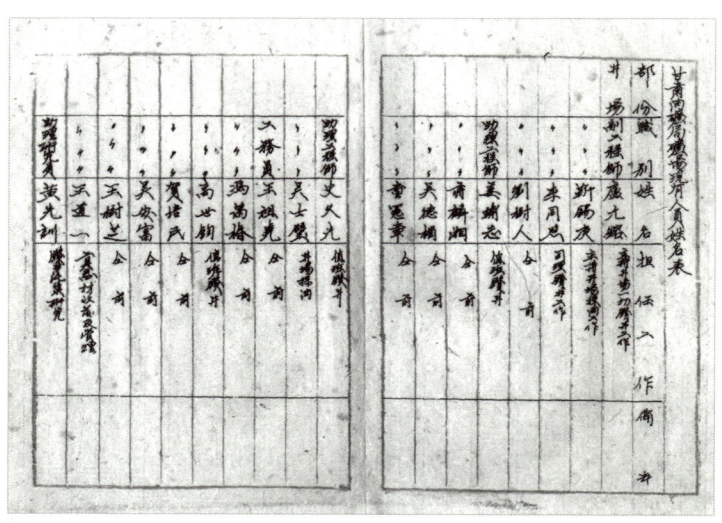

图注

甘肃油矿局矿场人员表(其中有黄先训的泥浆职责)

Threads of China Petroleum Milestones

中国第一个电测站

1947年1月,中国石油有限公司探勘室在玉门油矿成立了中国第一个电测站,站长刘永年。当时,该站只有四五个人,器材非常缺乏,他们就自己动手做成了一台半自动电测仪。中华人民共和国成立后,玉门电测站仍然使用那套半自动电测仪担负测井工作。

图注
20世纪40年代的电测仪

Threads of China Petroleum Milestones

工 程 技 术

中国石油第一支修井队伍

在玉门油矿开发过程中,出现了油层堵塞、套管变形等问题。为有效解决这些问题,玉门油矿于1949年组建了一支修井队,从事换井口、加深采油管柱、清蜡、热洗、冲砂等工作。这是中国石油工业发展史上的第一支修井作业队伍。

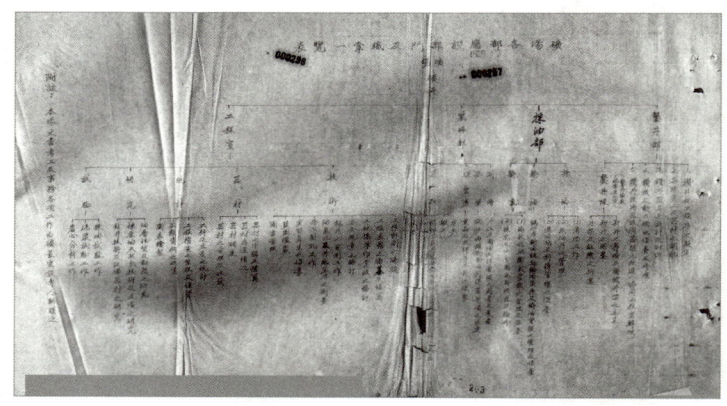

图注

甘青分公司老君庙矿场组织机构图(表中有修井工作职责)

Threads of China Petroleum Milestones

中国石油第一次清水钻井
——老君庙油田 I26 井、K27 井

1954 年初,在苏联专家阿辽亨的建议和帮助下,在老君庙油田 I26 井、K27 井成功试验了清水代替钻井液快速钻井方法。至 1954 年 11 月底,清水钻井 15 口,进尺 1 万米以上,平均机械钻速提高 43%,单只钻头进尺提高 65%,钻井成本下降 32%,开创中国石油清水钻井的先河。

图注
中国石油第一次清水钻井

Threads of China Petroleum Milestones

工程技术

中国石油第一支女子测量队

　　1954年4月，中国石油第一支女子测量队在玉门油矿成立，全队32人，除管理员和4名临时工外，其余全是20岁左右的年轻姑娘。她们创造性地开展工作，由每天最多完成0.2平方千米的测量工作量，到最多时一天完成14平方千米测量工作。1955年9月8日，党和国家领导人在北京接见了她们。

图注
玉门油矿女子测量队

Threads of China Petroleum Milestones

中国第一次压裂试验
——玉门油矿 N5 井

1955 年 5 月 23 日，中国第一次油层压裂试验在玉门油矿采油厂新 5 井（N5 井）取得成功。压裂所用设备为 A-150 型和 A-300 型水泥车，使用 A-150 型和 A-80 型拖拉机泵向压裂车供给顶替液，混砂漏斗装在地面，用人工加砂，所用压裂液是炼油厂的渣油。当时，压裂油层是世界上最先进的增产技术，美国、苏联也处在压裂发展的早期阶段，新 5 井压裂成功，填补了中国压裂工艺空白。

图注
玉门油矿老君庙 M 油藏 N5 井压裂试验现场

Threads of China Petroleum Milestones

工 程 技 术

中国第一次放射性和中子测井
——老君庙油田 752 井

1956 年 9 月 11 日，玉门油田成立放射性测井试验队，在老君庙油田 752 井进行伽马测井和中子测井方法的试验，效果良好。这是中国第一次放射性和中子测井。

图注
第一次放射性和中子测井现场

Threads of China Petroleum Milestones

工 程 技 术

中国第一个女子石油钻井队
——吉林油田女子钻井队

　　1970年3月23日，吉林省扶余油矿成立女子钻井队，首批27人。这是中国乃至世界第一个女子石油钻井队。1971年4月5日，女子钻井队第一口井开钻，只用4天钻成。1971年7月，她们使用红旗1000钻机，仅用19个小时打出了一口"三一井"（即一个班、一部钻头、一口井）。

图注

吉林油田女子钻井队

Threads of China Petroleum Milestones

中国第一个女子地震队
——石油化学工业部物探局 2254 女子地震队

　　1975 年 6 月,石油化学工业部物探局第一指挥部 2254 女子地震队在河北成立,全队 96 名女工平均年龄 20 岁。1976 年,2254 女子地震队在华北石油会战中成绩优异,被评为物探局先进集体。

图注
2254 女子地震队职工合影

Threads of China Petroleum Milestones

工 程 技 术

中国自行研制的第一个大型地震数据处理软件系统
——银河地震数据处理系统

　　1986年10月,东方物探基本建成银河地震数据处理系统。1987年2月11日,通过国家级技术鉴定并正式投产。银河地震数据处理系统是中国自行研制的第一个大型地震数据处理软件系统,也是亚洲最大的数据处理系统。

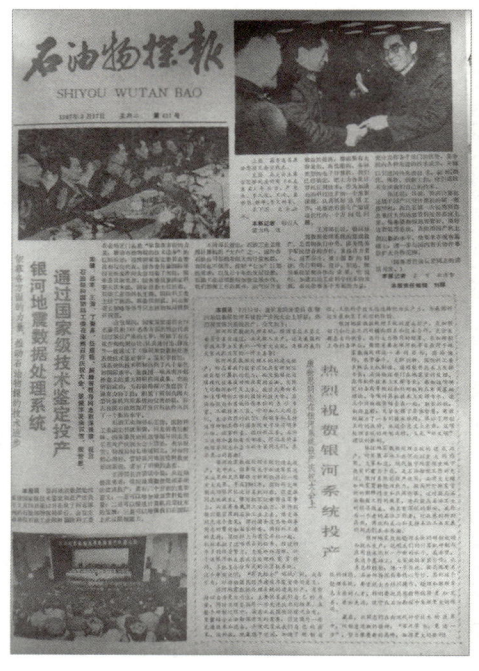

图注
1987年2月17日,《石油物探报》关于康世恩同志祝贺银河系统投产的报道

Threads of China Petroleum Milestones

工 程 技 术

世界规模最大的聚合物驱工程

始于20世纪60年代的以聚合物驱为主导的三次采油技术研究，经过大庆油田50余年探索和创新，实现了从室内实验到聚合物驱先导性矿场试验、工业性矿场试验、大规模工业化推广应用，再到三元复合驱工业化试验四次重大飞跃，发展了具有国际先进水平的三次采油前沿基础理论，形成了日趋成熟的三次采油配套技术。截至2006年9月25日，大庆油田应用三次采油技术累计产油突破1亿吨，成为世界上规模最大的三次采油研发和生产基地。

图注

大庆油田三次采油生产现场

Threads of China Petroleum Milestones

工程技术

世界上第一次实现海域可燃冰试开采连续稳定产气

2017年5月10日至18日,由中国石油天然气集团公司总承包实施的中国第一次海域天然气水合物试采工程,攻破了粉砂质储层水合物试采、储层埋藏浅、地层易垮塌、深水低温、地层出砂、水合物二次生成等技术难题,在海底水深1266米以下的天然气水合物矿藏开采出天然气,连续8天累计产气量超过12万立方米,创造了产气时长和总量两项世界纪录,实现了勘查开发理论、技术、工程的自主创新,标志着中国成为全球第一个实现在海域可燃冰试开采中获得连续稳定产气的国家。

图注

海域可燃冰试开采成功

Threads of China Petroleum Milestones

中国陆上最大勘探项目
——四川盆地大川中射洪—盐亭地区三维地震勘探项目

2018年12月22日，东方物探西南物探分公司承担的"四川盆地大川中射洪—盐亭地区三维地震勘探项目"竣工，项目满覆盖面积2052.1平方千米，设计总炮次129071炮，施工面积达3741.87平方千米，是中国陆上最大勘探项目。

图注
射洪—盐亭三维项目钻井作业现场

Threads of China Petroleum Milestones

中国页岩气多簇射孔单井最高纪录
——浙江油田 YS112H5-5 井

2019 年 7 月 20 日,浙江油田完成首批页岩气水平井多簇射孔压裂新工艺现场试验。在同类实验井中,YS112H5-5 井效果最好,运用国产设备,实现单井射孔 308 簇,创国内页岩气多簇射孔单井最高纪录。

YS112H5-5 井位于紫金坝建产区中部,完钻井深 4600 米,水平段长为 1900 米。应用国内自主研发的多级射孔装备,每段压裂从常规的 3 簇升至 11 簇,共计 29 段,注入总液量 5.45 万立方米、加砂 5802 吨。

图注

浙江油田 YS112H5-5 井

Threads of China Petroleum Milestones

中国陆上固井完井最长水平段纪录
——新疆油田吉木萨尔页岩油井区JHW00421井

2019年8月2日,新疆油田吉木萨尔页岩油井区JHW00421井3100米超长水平段水平井固井碰压成功,顺利完成固井施工,创国内陆上非常规油藏最长水平段水平井下套管固完井新纪录。

JHW00421井是准噶尔盆地东部吉木萨尔凹陷以开发二叠系芦草沟组非常规油藏为目的的一口产能井,于2019年7月17日完钻,完钻井深5830米,垂深仅2500米,水平段长3100米。

图注

新疆油田吉木萨尔页岩油井区JHW00421井

工 程 建 设

世界上最早的天然气管道
——竹笕

中国是世界上最早使用竹笕输送天然气的国家。早在1700多年前西晋张华的《博物记》中就有"昔时人以竹木投以取火以煮盐"的记载。中国古代没有钢管，就用竹子或木料制成管线，成为"笕"或"枧"，用来输送卤水和天然气。清道光年间，随着四川地区自流井气田进入大规模开发阶段，这种用竹、木制成的集输管道也有相当大的规模。据《川盐纪要》记载，这样的集输管道已有12条，总长度达二三百里，专门从事管道集输的工人有一万余人。

图注
古代沿山架设的竹制输送管道，高下迂回，行一二十里

Threads of China Petroleum Milestones

工 程 建 设

中国第一条伴热输油管道

　　1944年12月，中国第一条伴热输油管道在玉门油矿建成。该管道由翁心源组织设计建造，从八井区输油总站至四台炼油厂，总长4.5千米，管径4英寸，日输油2000桶以上，被称为"地下油龙"。

图注
中国第一条伴热输油管道

Threads of China Petroleum Milestones

世界上最长的军用输油管道
——中印成品油管道

抗日战争期间,为彻底解决中国战区油料不足的难题,1943年8月,美国出资,中国、印度、缅甸出力,铺设从印度加尔各答沿中印公路经汀江、雷多、密支那、八莫、畹町至中国昆明的输油管道,当年10月开工建设。管线所用油管是由美国当时刚研发的口径4英寸(101.6毫米)、每节长20英尺(6.1米)的钢管连接而成,相对比较轻便,可快速铺设和拆除。1945年5月5日建成投运,总长超过3218千米,使用油管总质量超过50万吨。1945年11月停止输油,共输入中国汽油、柴油、润滑油等油料10余万吨,是中国第一条成品油管道,也是当时世界上最长的一条成品油管道,为中国抗战胜利提供了保证。

图注
中国劳工在云南驿修建输油管道的情景

Threads of China Petroleum Milestones

工程建设

中国第一条长距离输油管道
——克拉玛依至独山子输油管道

　　1958年5月，新疆石油管理局油建队伍动工修建克拉玛依油田至独山子炼油厂输油管道，全长147千米，管径41厘米，设计输油能力53万吨/年，于1959年1月10日建成输油。这是中国第一条长距离原油输送管道。1962年，输油管道复线建成投产，输油能力提高至85万吨/年。

图注
1959年1月，《新疆石油日报》报道克拉玛依至独山子输油管道投产新闻

Threads of China Petroleum Milestones

工 程 建 设

中国第一条长距离输气管道
——巴渝输气管道

1961年，四川巴县石油沟气田至重庆的巴渝输气管道开工建设，全长54.43千米，管径426毫米，于1963年5月17日投运，为重庆钢铁公司提供冶炼燃料。这是中国第一条管径426毫米的长距离输气管道，也是第一条穿越和跨越长江的管道，为川渝天然气环网建设提供了技术数据和经验。

图注
巴渝输气管道

Threads of China Petroleum Milestones

中国第一条大口径输油管道
——"八三"管道工程

20世纪70年代初,"以运定产"严重制约了大庆油田原油上产和国民经济的发展需求。1970年8月3日,国务院批准建设大庆至抚顺输油管道(即"八三"管道工程),全长596.8千米以上,输油能力2000万吨/年,于1971年10月30日建成投产。这是中国自行设计和建设的第一条长距离、大口径及输送高凝点、高黏度、高含蜡原油管道。

图注
铁岭至大连输油管道竣工投产大会

Threads of China Petroleum Milestones

工 程 建 设

中国第一条地下输油大动脉
——大庆至秦皇岛原油管道

继 1971 年 10 月大庆—抚顺输油管道建成投产后，经过近三年施工，1974 年 9 月 20 日，铁岭—秦皇岛的大口径、长距离输油管道也建成，是中国第一条地下输油大动脉。

图注
铁岭至秦皇岛输油管道建成

Threads of China Petroleum Milestones

工程建设

世界上海拔最高的输油管道
——格尔木—拉萨成品油管道

　　1972年5月30日，国务院总理周恩来批示，以中国人民解放军为主，包括各地工程技术人员、工人和民兵参建，铺设一条从格尔木—拉萨的长距离成品油输送管道，解决西藏长期存在的石油供应难的问题。管道工程由国家冶金部、燃料化学工业部、中国人民解放军总后勤部和青海省援建，1976年11月试输油到拉萨，1977年10月正式投产。管道首次采用顺序输送工艺，顺序输送汽油、柴油、航空煤油和灯油，既是当时中国最长的成品油输送管道，又是世界上海拔最高的输油管道。

图注

格尔木—拉萨成品油管道施工现场

中国第一座地下天然气储气库

1980年5月18日,中国第一座地下天然气储气库在大庆油田投产。这座储气库于1975年建成,试用5年,效果较好,累计注气、采气近5000万立方米,相当于回收利用5万吨原油。

图注
中国第一座地下天然气储气库

Threads of China Petroleum Milestones

世界上在流动沙漠中修建的最长公路
——塔里木沙漠公路

为适应塔里木盆地石油勘探开发需要，1993年，塔里木沙漠公路工程开工建设，北起轮南油田小区零公里处、南接民丰县境内315国道，路基宽10米，路面宽7米，全长522千米，于1995年9月20日全线竣工，10月4日全线通车，是中国最长的一条沙漠公路，也是世界上首次在流动性大沙漠上修筑的长距离等级公路，被评为1995年度国家十大科技成就之一。

图注
塔里木沙漠公路

工 程 建 设

中国第一条大口径、高压力成品油管道
——兰成渝管道

　　1998年12月18日，兰成渝（兰州—成都—重庆）成品油管道开工建设，2002年6月30日建成，9月29日投产，全长近1250千米，途经甘、陕、川、渝4省市的40个县市区，是我国第一条大口径、高压力成品油长输管道，是西部大开发十大重点工程之一。自投产以来，安全平稳运行17年，累计输送油品1亿吨。

图注
兰成渝管道山地施工现场

Threads of China Petroleum Milestones

中国自行设计、建设的第一条世界级天然气长输管道
——西气东输一线工程

2002年7月4日,西气东输一线工程全线开工建设,西起新疆塔里木轮南,东至上海白鹤镇,全长约3900千米,设计年输量120亿立方米。管道穿越长江1次、黄河3次、淮河1次及其他大型河流8次,建设陆上隧道16条。2004年10月1日建成投产,是中国自行设计、建设的第一条世界级天然气长输管道。

图注

获"中国企业新纪录十大创新项目"的西气东输管道唯一跨越工程——黄河中卫跨越

Threads of China Petroleum Milestones

工 程 建 设

中国第一条跨国长输原油管道
——中哈原油管道

2004年7月，中国石油天然气集团公司和哈萨克斯坦国家石油运输股份公司各自参股50%成立"中哈管道有限责任公司"，负责中哈原油管道的项目投资、工程建设、管道运营管理等业务。2006年5月25日，中哈原油管道一期建成投产，全长2800千米以上，起点哈萨克斯坦阿特劳，终点为阿拉山口—独山子输油管道首站，规划输油能力2000万吨/年。这是中国第一条从陆路进口原油的跨国输油管道，也是中国石油史上首次通过管道进口原油。

图注

中哈原油管道阿塔苏—阿拉山口段

Threads of China Petroleum Milestones

工 程 建 设

中国第一条通过永冻土区的原油管道
—— 中俄原油管道

2009年4月27日,中俄原油管道工程开工建设,起自俄罗斯远东管道斯科沃罗季诺分输站,止于中国大庆林源末站,全长1030千米,俄罗斯境内63.4千米,设计输油能力1500万吨/年。2011年1月1日建成投产。这是中国第一条通过永冻土区的原油管道。

图注
中俄原油管道施工现场

工 程 建 设

中国第一条引进境外天然气资源的大型管道工程
——西气东输二线

  2008年2月22日，西气东输二线工程开工建设，西起新疆霍尔果斯，东至上海、浙江，南至广东、广西、香港，途经14个省、自治区、直辖市，全长约8600千米，设计年输气量300亿立方米。2011年6月30日管道干线建成投产，是中国第一条引进境外天然气资源的大型管道工程。

图注
西气东输二线管道穿越新疆果子沟

Threads of China Petroleum Milestones

中国第一个"自主设计、自主采办、自主施工、自主运营"的 LNG 项目
——江苏 LNG 项目

2008 年 1 月 8 日,江苏液化天然气(LNG)项目开工建设,主要包括人工岛工程、接收站工程、码头栈桥工程、外输管道工程及系统配套工程,建设规模 350 万吨 / 年,年供气能力 48 亿立方米。2011 年 11 月 8 日建成投产,是中国石油发展液化天然气产业、建立海上油气通道、加快国际化步伐、增强资源保障能力的战略性工程,也是中国第一个"自主设计、自主采办、自主施工、自主运营"的 LNG 项目。

图注

江苏 LNG 接收站

Threads of China Petroleum Milestones

工 程 建 设

中国管径最大、施工难度最大的海底管道
——西气东输二线香港支线

  2012年3月2日，西气东输二线香港支线开工建设，由大铲岛输气站、大铲岛陆地管道、海底管道和龙鼓滩输气末站四部分组成，全长21千米，管径813毫米，设计年输气量60亿立方米。2012年12月19日建成投运，是目前中国管径最大、施工难度最大的海底管道。

图注
西气东输二线香港支线投运现场

Threads of China Petroleum Milestones

工 程 建 设

中国目前规模最大液化天然气项目
——湖北黄冈 LNG 项目

2012 年 5 月 18 日,湖北黄冈液化天然气(LNG)项目开工建设。2014 年 6 月 26 日投入运行,实现每日 500 万立方米设计产能,是国内首个规模化、国产化 LNG 项目,其装备国产化率超过 99%,是中国石油以自有专利技术和国产化装备为依托建设的 LNG 工厂,实现了中国大型 LNG 装置建设从技术到设备的全面国产化。

图注
湖北黄冈 LNG 项目

工 程 建 设

中国第一条管径最大、线路最长的页岩气管道
——长宁页岩气田集输气干线

2017年12月15日，西南油气田长宁—威远国家级页岩气示范区长宁区块页岩气正式通过纳溪西配气站向川渝地区输送，瞬时流量达到220万立方米，标志长宁页岩气田集输气干线正式投入运行。长宁页岩气田集输气干线起于宜宾市兴文县九丝镇宁209井中心站，止于泸州市纳溪区纳溪西站，线路总长度110.4千米，管线直径813毫米，设计年输气能力40亿立方米，是中国第一条管径最大、线路最长的页岩气管道。

图注
管道翻越云台寺"三道坎"

中国跨度最大天然气管道悬索跨越工程
——楚攀天然气管道勐岗河悬索跨越

2018年10月7日,随着楚攀(云南楚雄—四川攀枝花)天然气管道勐岗河悬索跨越段最后一节长约34米、重达7吨的立管预制段顺利安装完成,标志着国内最大跨度天然气管道悬索跨越桥管道安装全部完成。

勐岗河悬索跨越是楚攀天然气管道的关键控制性工程,跨越地处云南省牟定县与大姚县交界处,跨越横断面呈典型V字形,岸坡地形陡峻,桥面到河底落差达173.74米,悬索跨越段全长545.6米,主跨360米,南岸锚跨109.9米,北岸锚跨75.7米,是目前国内跨度最大的天然气管道悬索跨越。

图注
勐岗河悬索跨越场景

Threads of China Petroleum Milestones

中国第一个跨境天然气管道江底隧道盾构工程
——中俄东线天然气管道黑龙江穿越工程

2018年10月27日,中俄东线天然气管道工程黑龙江穿越段两条江底管道焊接安装任务圆满完成。这是中国第一个跨境天然气管道江底隧道盾构工程,也是中俄东线项目中施工风险最高、技术难度最大的控制性工程。

图注
2018年5月30日,中俄东线天然气管道工程黑龙江盾构主隧道贯通庆祝现场

Threads of China Petroleum Milestones

工 程 建 设

世界上海拔最高液化天然气站
——天然气销售青海分公司拉萨天然气站

2019年7月5日，改造扩能后的拉萨天然气站一次投运成功，日供气能力由15万立方米提升至35万立方米，是世界上海拔最高液化天然气站。拉萨天然气站改建工程于2018年10月启动，是中国石油富民兴藏的民心工程之一。

图注
拉萨天然气站

世界上单体规模最大的天然气长输管道
——中俄东线天然气管道

2019年12月2日,国家主席习近平在北京同俄罗斯总统普京视频连线,共同见证中俄东线天然气管道投产通气仪式。该管道起自俄罗斯东西伯利亚,由布拉戈维申斯克进入中国黑龙江省黑河,南至上海市。俄罗斯境内管道全长约3000千米,中国境内段新建管道3371千米,利用已建管道1740千米。管道采用1422毫米管径、X80高级钢、12兆帕设计压力,是中国迄今为止管径最大、钢级最高、设计压力最高的长输管道,也是世界上单体规模最大的天然气长输管道。

本次投产通气的北段工程,第一年将引进天然气50亿立方米,中段、南段全线贯通后,输气量逐渐增至380亿立方米/年。

图注
中俄东线天然气管道投产通气仪式

Threads of China Petroleum Milestones

装备制造

中国第一台具有自主知识产权的12000米特深井钻机

2007年11月15日,12000米特深井交流变频电驱动钻机在宝鸡石油机械有限责任公司的钻机试验场通过出厂验收,井架高52米,重达数百吨,使用材料为高强度耐低温钢材,是中国第一台具有自主知识产权的特深井钻机。

图注

12000米特深井交流变频电驱动钻机在总装试验场

Threads of China Petroleum Milestones

世界上最大的常压塔
——中油技开尼日利亚塔器项目

2019年8月23日，中国石油技术开发有限公司尼日利亚塔器项目第一台常压塔在张家港启运。该塔器重2350吨（含鞍座重量），是埃菲尔铁塔重量的近四分之一；长120米，超过了埃菲尔铁塔的三分之一；直径12米，按照ASME标准制造，是目前世界上最大的常压塔，刷新常压塔世界纪录。

图注
中油技开尼日利亚塔器项目第一台常压塔在张家港启运

中国石油工业发展史上的"第一"辑录

时间	内容
公元前 69 年	西汉宣帝地节元年,四川邛崃地区钻凿的临邛火井是世界上第一口天然气井
1041—1048 年	北宋庆历年间,发明冲击式顿钻凿井法,是中国钻井技术的重大突破
1086—1093 年	北宋元祐年间,沈括所著《梦溪笔谈》在世界上第一次科学命名"石油"
1600—1700 年	明末清初,四川自流井气田采用竹木笕输送天然气煮盐,是世界上最早使用的天然气管道
1637 年	明代崇祯十年,宋应星所著《天工开物》全面系统地总结了中国古代在钻井设备和技术方面所取得的巨大成就
1821—1850 年	清代道光年间,四川自贡地区的自流井气田是世界上最早进行规模开采的天然气田
1835 年	四川自贡地区自流井气田凿成井深 1001.42 米的燊海井,是世界上第一口超千米井
1863 年	"洋油"开始输入中国
1878 年春	中国第一口近代油井——出磺坑一号井在台湾苗栗诞生
1907 年 9 月 12 日	陕西延 1 井投产,是中国陆上第一口近代油井
1914 年 2 月 10 日	中美签订《中美陕直二省石油合同》,是中国第一个实行的中外合作勘探开发石油合同
1928 年 4 月	抚顺石油一厂开工建设,是中国第一个人造石油生产厂
1934 年 12 月 6 日	陕西延长 101 井完井出油,是完全由中国人将地质和钻探科学地结合在一起打出的第一口获得工业油流的井
1939 年 5 月 6 日	玉门油矿用蒸馏锅试炼汽油、煤油、柴油,开启中国现代炼油工业先河
1939 年 8 月 11 日	玉门油矿老君庙 1 号井获工业油流,是中国石油工业的发源地之一
1939 年 10 月	甘肃油矿筹备处在石油河畔兴建第一炼油厂,是中国第一个天然石油加工基地
1940 年 5 月 24 日	玉门油矿老君庙 1 号井使用以柴油机为动力的抽油机采油,标志着中国机械采油的开始
1941 年 12 月	甘肃油矿局将油品商标定为"建国"牌,是中国最早的油品商标,也是中国第一个国产石油产品商标
1942 年 7 月 23 日	甘肃油矿局在重庆设立国光油行,是中国第一个石油产品销售机构
1944 年 12 月	玉门油矿建成中国第一条伴热输油管道
1945 年 5 月 5 日	中印成品油管道建成投运,是世界上最长的军用输油管道
1945 年 6 月	玉门油矿改用 0.5 英寸油嘴采油,标志着中国科学采油的开始
1945 年 8 月	玉门油矿建成南岗选油站,是中国石油第一个选油站
1945 年 10 月 5 日	玉门油矿成立中国第一支重磁力勘探测量队
1946 年 10 月	玉门油矿设立中国第一个采油研究机构
1946 年	玉门油矿设立中国第一个泥浆研究机构
1947 年 1 月	玉门油矿成立中国第一个电测站
1949 年	玉门油矿组建中国石油工业发展史上第一支修井队伍
1949 年 9 月	玉门油矿建成当时中国规模最大、产量最高、员工最多、工艺技术领先的现代石油矿场

续表

时间	内容
1950年9月30日	中苏石油股份公司成立,是新中国石油工业第一家中外合资企业
1951年2月10日	新中国第一滴合成石油在锦州合成燃料厂生产
1954年初	玉门老君庙油田 I26 井、K27 井成功试验清水代替钻井液快速钻井方法,是中国石油第一次清水钻井
1954年4月	玉门油矿成立中国石油第一支女子测量队
1954年12月27日	玉门油矿 M-27 井试验成功,是中国第一口注水井
1955年5月23日	中国第一次油层压裂试验在玉门油矿采油厂新5井(N5井)取得成功
1955年9月5日	石油工业部第一次向国外派遣石油考察团
1955年10月29日	黑山山1号井获工业油流,发现克拉玛依油田,是中华人民共和国成立后发现的第一个大油田
1956年9月11日	玉门老君庙油田752井进行伽马测井和中子测井试验,是中国第一次进行放射性和中子测井
1956年11月15日	玉门老君庙油田747井、748井钻成,是中国第一对双筒斜向井
1957年10月8日	玉门油矿建成新中国第一个天然石油生产基地
1957年10月25日	吉林"三大化"(染料厂、肥料厂、电石厂)建成投产,是新中国第一个大型化工生产基地
1958年4月	第一批国产合成纤维在锦西石油五厂试制成功
1958年6月	中国第一批国产塑料在锦西化工厂生产
1958年9月13日	青海冷湖地中4井获高产工业油流,是柴达木盆地石油勘探的重大突破井
1958年10月9日	依1井获工业油流,是塔里木盆地第一口获工业油流探井
1959年1月10日	克拉玛依油田至独山子输油管道建成投产,是中国第一条长距离输油管道
1959年3月	兰州炼油厂投产,是中国第一座大型现代化炼油厂
1959年9月26日	松辽盆地松基3井喷油,发现大庆油田,是松辽盆地石油勘探的重大发现井
1959年9月29日	扶27井获工业油流,是吉林油田的发现井
1960年12月	独山子炼油厂原油加工量达到121万吨,是当时全国第一个年炼油能力上百万吨的炼油厂
1961年4月16日	华8井获工业油流,是胜利油田的重大发现井
1963年5月17日	巴渝输气管道建成投运,是中国第一条长距离天然气管道
1963—1965年	石油工业部攻克被誉为"五朵金花"的流化催化裂化等五个攻关项目,标志着中国炼油工艺技术实现重大突破
1964年12月20日	港5井获高产油气流,是大港油田重大发现井
1965年2月10日	胜利油田坨11井日产原油1134吨,是中国第一口日产超千吨高产油井
1965年6月24日	辽2井出油,是辽河油田的发现井
1965年7月21日	王2井出油,是江汉油田的发现井
1965年10月1日	四川盆地发现威远气田,是中国第一个整装气日

续表

时间	内容
1965年11月16日	川中磨溪地区磨3井完钻,是中国第一口水平井
1967年6月14日	渤海海域海1井获工业油气流,是中国海上第一口工业油气流井
1970年3月23日	吉林省扶余油矿女子石油钻井队成立,是中国乃至世界的第一个女子石油钻井队
1970年7月31日	苏20井获工业油流,是江苏油田的发现井
1971年8月8日	南5井获工业油流,是河南油田的发现井
1971年10月30日	"八三"管道工程建成投产,是中国自行设计建设的第一条大口径、长距离输油管道
1973年9月23日	辽河油田马20井日产原油2010吨、天然气40万立方米,是中国第一口"双千吨"高产井
1974年9月20日	大庆至秦皇岛输油管道建成,是中国第一条地下原油管道
1975年6月	石油化学工业部物探局第一指挥部2254女子地震队成立,是中国第一个女子地震队
1975年9月7日	任4井获高产工业油流,是华北油田的重大发现井,标志着中国第一个碳酸盐岩大油田的发现
1975年9月7日	濮参1井获工业油流,是中原油田的重要发现井
1976年5月18日	华北油田任9井日产原油5435吨,是中国迄今单井初产量最高的油井
1977年10月14日	尕斯库勒跃参1井获高产工业油流,是柴达木盆地石油勘探的重大发现井
1977年10月	青海格尔木至西藏拉萨成品油管道建成投产,是世界上海拔最高的输油管道
1980年5月18日	中国第一座地下天然气储气库在大庆油田投产
1980年5月29日	石油工业部与外国石油公司签署中国第一批海洋石油资源对外合作合同
1985年5月28日	中国石油第一份陆上石油资源对外合作合同——《海南岛福山凹陷风险勘探合同》签订
1987年2月11日	东方物探银河地震数据处理系统建成投产,是中国自主研制的第一个大型地震数据处理软件系统,也是亚洲最大的数据处理系统
1988年11月18日	轮南2井获高产油气流,是塔里木盆地油气勘探的重大突破
1989年1月5日	台参1井获工业油流,发现鄯善油田,是吐哈油田的重要发现井
1989年3月26日	龙4井获高产气流,是四川盆地天然气勘探重大发现井
1989年6月23日	陕参1井获高产气流,是鄂尔多斯盆地天然气重大发现井
1989年10月19日	塔中1井获高产油气流,是塔克拉玛干沙漠第一口油气发现井
1993年3月	中国石油中标秘鲁塔拉拉油田第七区块生产服务合同,是中国海外油气合作第一标
1993年7月15日	中国石油在加拿大阿尔伯塔省卡尔加里东北的北瑞宁油田生产出海外第一桶份额原油
1994年8月	准噶尔盆地彩南油田建成中国第一个百万吨产能整装沙漠油田
1995年10月4日	全长522千米的塔里木沙漠公路竣工通车,是当时在流动沙漠中修建的最长公路
1997年8月18日	中国石油与美国安然油气公司签订《四川盆地川中区块石油开发和生产合同》,是中国陆上第一个天然气对外合作项目
1997年9月15日	"柳河号"油轮抵达秦皇岛,是中国石油开展国际油气合作业务运回国内的第一船份额原油

续表

时间	内容
1998年1月20日	塔里木盆地克拉2井获高产天然气流,是克拉2气田发现井
1999年6月22日	苏丹124区至苏丹港1506千米长输原油管道建成投运,是中国石油海外合作建设的第一条输油管道
2000年5月16日	年加工能力250万吨的苏丹喀土穆炼油厂建成投产,是中国在海外合资建设的第一座整装大型炼油厂
2000年11月16日	塔里木盆地牙哈凝析气田投产,是中国第一个开发的埋藏深、压力高、凝析油含量高的大型凝析气田
2000年11月16日	ALAMARAT加油站在苏丹喀土穆揭幕,是中国石油海外第一座加油站
2000年12月20日	苏丹124区油田年产量达到1000万吨规模,是中国石油海外建成的第一个千万吨级大油田
2001年3月20日	中国石油承建的科威特集油站工程竣工投产,是当时中国石油在海外承建的最大集油站项目
2001年6月17日	塔里木盆地发现迪那2气田,是中国发现的最大凝析气田
2002年9月29日	兰成渝(甘肃兰州—四川成都—重庆)管道投产,是中国第一条大口径、高压力成品油管道
2002年12月	大庆油田连续27年年产原油5000万吨,创造世界同类大油田开发史上的奇迹
2003年8月5日	渤海湾赵东油田建成中国第一个百万吨级海上合作油田
2003年	由中国石油援建的海拔5000米的西藏双湖特别行政区加油站,是迄今世界上海拔最高的加油站
2004年10月1日	西气东输一线工程建成投产,是中国自行设计、建设的第一条世界级天然气管道工程
2004年12月	辽河石化建成年产100万吨中国最大沥青生产基地
2004年12月1日	塔里木盆地克拉2气田竣工投产,是中国最大的整装砂岩气田
2005年10月26日	中国石油收购哈萨克斯坦PK石油公司,是当时中国企业走出国门最大的单笔投资项目和第一个大型上市公司整体并购交易
2005年12月	长庆油田建成中国第一个世界级大气区
2006年3月28日	大连石化原油一次加工能力达到2050万吨/年,成为中国最大的炼油生产基地
2006年5月25日	中哈原油管道一期建成投产,是中国第一条跨国长输原油管道
2006年6月4日	山西沁水盆地晋平2-2井获工业气流,是中国石油第一口煤层气井
截至2006年9月25日	大庆油田三次采油产量突破1亿吨,成为世界上规模最大的三次采油研发和生产基地
2007年11月15日	12000米特深井交流变频电驱动钻机研制成功,是中国第一台具有自主知识产权的特深井钻机
2009年9月21日	独山子石化千万吨炼油百万吨乙烯工程建成投产,是中国迄今为止最大的炼化一体化工程
2009年11月16日	华北油田建成中国第一个数字化、规模化煤层气示范基地
2009年12月14日	土库曼斯坦阿姆河第一天然气处理厂建成投产,是中国石油最大的境外陆上天然气合作项目
2010年10月19日	中国石油第一口页岩气井——四川盆地威201井投入生产,实现中国在页岩气勘探开发领域零的突破

续表

时间	内容
2011年1月1日	中俄原油管道正式投油运行，是中国第一条通过永冻土区的原油管道
2011年3月	辽阳石化千万吨炼油项目建成投产，是中国第一个千万吨级全加工俄罗斯原油基地
2011年6月30日	西气东输二线干线工程建成投产，是中国第一条引进境外天然气资源的大型管道工程
2011年11月8日	江苏LNG项目建成投产，是中国第一个"自主设计、自主采办、自主施工、自主运营"的液化天然气项目
2012年10月5日	大庆石化120万吨/年乙烯改扩建工程建成投产，是中国第一个国产化大型乙烯成套技术工业化项目
2012年12月19日	西气东输二线香港支线建成投运，是目前中国管径最大、施工难度最大的海底管道
2014年2月9日	四川盆地安岳气田磨溪区块寒武系龙王庙组新增天然气探明地质储量4403.85亿立方米，是中国发现的单体规模最大的海相碳酸盐岩整装气藏
2014年6月26日	湖北黄冈液化天然气（LNG）项目投入运行，是中国目前规模最大、大型LNG装备国产化率超过99%的工厂
2015年5月26日	长庆油田在陕北姬塬发现新安边油田，是中国第一个亿吨级大型致密油田
2015年6月24日	吉林油田新立1号平台投产，是目前亚洲陆上最大采油平台
2015年7月14日	塔里木油田克深902井在8038米完钻试油，获日产天然气30万立方米，是迄今为止中国陆上试获工业油气流最深井
2016年5月27日	川东北天然气项目罗家寨高含硫气田开发建设工程全面投产，是中国石油国内陆上最大的高含硫天然气对外合作项目
2017年5月10日至18日	由中国石油总承包实施的中国首次海域天然气水合物试采成功，在世界上第一次实现连续稳定产气
2017年11月30日	新疆油田在准噶尔盆地玛湖凹陷中心区发现10亿吨级玛湖砾岩大油区，是目前世界上发现的最大砾岩油田
2017年12月8日	中国石油参股的亚马尔液化天然气项目第一条LNG生产线投产，是"一带一路"倡议提出后实施的第一个海外特大型项目
2017年12月15日	西南油气田长宁页岩气田集输干线投运，是中国第一条管径最大、线路最长的页岩气管道
2018年3月15日	巴西里贝拉项目完成海上提油作业，标志着中国石油第一个超深海项目进入投资回收阶段
2018年7月19日	东方地球物理勘探有限责任公司与阿布扎比国家石油公司签署16亿美元的海上和陆上三维采集合同，是全球物探行业有史以来金额最大的合同
2018年9月10日	华北油田苏桥储气库群全面投产，库群平均深度在4900米以上，是世界上最深的储气库群
2018年9月13日	柴达木盆地青海油田狮60井日产原油12.1立方米、日产液60.68立方米、井深4990米，是世界海拔最高油井
2018年10月7日	楚攀（云南楚雄—四川攀枝花）天然气管道勐岗河悬索跨越管道安装完成，是目前中国最大跨度天然气管道悬索跨越

续表

时间	内容
2018年10月27日	中俄东线天然气管道工程黑龙江穿越段两条江底管道焊接安装完成,是中国第一个跨境天然气管道江底隧道盾构工程
2018年12月12日	塔里木油田中秋1井获高产工业油气流,是中国石油在新区新领域风险勘探的重大突破
2018年12月22日	东方物探承担的"四川盆地大川中射洪—盐亭地区三维地震勘探项目"竣工,是中国陆上最大勘探项目
2018年12月24日	中国石油川南页岩气日产量突破2000万立方米,是目前中国日产量最大的页岩气田
2019年1月6日	新疆油田高探1井获高产油气流,是中国石油陆上深层超深层碎屑岩储层产量最高油井
2019年1月25日	长庆油田苏里格气田苏6-4-13丛式井组投运,是中国最大采气丛式井组
截至2019年3月13日	塔里木油田哈得油田累计生产原油2508万吨,是中国第一个超2500万吨的海相碎屑岩油田
截至2019年3月25日	塔里木油田成功开发14个超深超高压复杂凝析气田,是世界上最大超深层凝析油气生产基地
2019年7月5日	改造扩能后的拉萨天然气站一次投运成功,是世界上海拔最高液化天然气站
2019年7月13日	新疆油田滴西110井获高产工业气流,是准噶尔盆地天然气勘探重大突破井
2019年7月17日	塔里木油田轮探1井钻至8882米后转入完井阶段,是亚洲陆上第一深井
2019年7月20日	浙江油田YS112H5-5井实现单井射孔308簇,创国内页岩气多簇射孔单井最高纪录
2019年8月2日	新疆油田吉木萨尔页岩油井区JHW00421井3100米超长水平段水平井顺利完成固井施工,创国内陆上非常规油藏最长水平段水平井下套管固完井新纪录
2019年8月23日	中油技开尼日利亚塔项目第一台重达2350吨常压塔在张家港启运,是世界上最大常压塔
2019年11月6日	塔里木油田克深9气田建成投产,是中国陆上开发最深的气田
2019年11月18日	克拉玛依石化40万吨/年润滑油高压加氢装置一次试车成功,是世界上单厂生产能力最大的高档环烷基润滑油生产企业
2019年11月27日	长庆油田陇东国家级页岩油示范区效益开发示范平台华H40平台完钻,是中国最大页岩油水平井大平台
2019年12月2日	中俄东线天然气管道(北段工程)投产通气,是世界上单体规模最大的天然气长输管道